# LA MEJOR ETAPA
# DE MI VIDA

# LA MEJOR ETAPA DE MI VIDA

## Frances Hernandez

authorHOUSE®

*AuthorHouse™*
*1663 Liberty Drive*
*Bloomington, IN 47403*
*www.authorhouse.com*
*Phone: 1-800-839-8640*

*First published by AuthorHouse    12/15/2011*

*ISBN: 978-1-4634-1825-0 (sc)*
*ISBN: 978-1-4634-1744-4 (ebk)*

*Printed in the United States of America*

# TABLA DE CONTENIDO

# Un momento de Agradecimiento

Doy gracias a Dios. A todos los que se pararon en la brecha por mí. A mis pastores por su valentía de enfrentarse a mi mayor enemigo por mi vida. Quiero sobre todo agradecer a mi hermano, Angel David Drohin, por sus palabras de aliento que fueron las que me llevaron a reconocer mi condición y hacer una decisión por mi salvación. Quiero dar gracias a todos mis hermanos que me han apoyado en la oración para que esta edición se lograra y sobre todo que Dios me diera fuerzas para terminarla.

Quiero agradecer a mi querido esposo, José Alexander Hernández, por su apoyo por estar a mi lado en todo tiempo y por sus consejos y cariño en todos los niveles del ministerio. Tambien a mi padre por que el fue el instrumento que Dios escogio para que yo llegara a este mundo. Yo fui la escojida, A mis hermanos Daniel, Carmen Lidia, Julia, Nereida, y Gilberto, gracias por su apoyo en mis primeros pasos del evangelio. Gracias a Nesto Orozco, y mi sobrina Yeina por su apoyo!

Quiero agradecer sobre todo a mi, madre querida, que nunca dejo de orar por mi, creer que soy una gran mujer de Dios y por apoyarme en mis viajes misioneros. Através del ministerio nunca me ha dejado sola. Dejando todo atrás por estar conmigo, mil gracias madre querida. Que aun cuando estuve en las peores etapas de mi vida siempre creíste que Dios me levantaría y yo obtendria nuevas fuerzas.

Por esas oraciones hoy estoy viviendo las mejores etapas de mi vida:

*Le doy gracias a Dios por ese pueblo que doblo las rodillas y clamo por mi con el propósito que Dios me diera inspiración. Atraves de esta inspiración hoy las almás pueden llegar a los pies de Dios.*

# BIBLIOGRAFIA

## Refleccion para obtener fuerzas

Entregada a Satanás a los 7 años en un rito satánico, el cual daño mi vida hasta que Cristo llego
Repite esta oracion conmigo "Señor Jesus, te pido que cada persona que lea este libro sean cubierta con tu sangre preciosa. Que cada uno de los lectores puedan entender que la brujeria y el ocultismo es peligroso. En este pasaje yo le pido al lector que entiendan que esto es parte de mi testimonio. Que no practiquen absolutamente nada de los que ellos crean que les pueda ayudar en algun problema por el cual estan pasando. Oren y pidanle a Dios que les ayude a tesorar lo bueno y rechasar lo malo."

El satanismo puede dañar la vida de una persona inocente como daño la mía. La noche de celebración de los muertos era la noche más hermosa del año. El infierno abría su boca y los demonios se ponían en posición para tomar control. Nadie bajo su inocencia se daba cuenta de lo que en el mundo espiritual acontecia. Llego la hora la media noche donde se le rendiría pleitesía al Diablo.

Llegue a la práctica del ocultismo y no me daba cuenta cuanto peligro corría. Practicando el ocultismo a mis 7 años yo inocentemente me escondí en las oscuridades del seor.

Mi abuela, era la bruja mayor en el ocultismo, ella era una puerta abierta para Satanás poder controlar mi vida. Yo escondida de mis padres visitaba todos los lugarer ocultismo al lado de mi abuela. Yo me sentía segura y entraba a un mundo al cual yo pertenecía. "Como podía yo escapar de aquella mentira, si Satanás tenia mi mente bajo el control satánico?"

Me gustaba ver las llamás crecer y ver como mis antecedentes daban vuelta alrededor de la fogata. Ellos cantaban a la bruja del campo con escobas y capuchones negros. Pedían a la bruja mayor que los iluminaran y les diera fuerzas y poder para destruir a todos aquellos que les hicieran daño.

En el libro de Deoutoronomio Capitulo 5, Dios le ordena, *Al pueblo de Israel que no doblase rodillas ante diose ajenos.* Ahora pienso, quien podia explicar aquella reacción maligna si nunca oí mencionar el nombre de Dios en aquella montaña? Dos demonios que solo se mencionaban en ese monte eran llamaya y chango. Lo sábados en las madrugadas todo el mundo en el campo se levantaban temprano y le rendían homenaje con cantos dedicados a ella. Celia Cruz era la diosa a la cual todos los sábados se le rendía pleitesía.

El mundo vive dormido y practica el ocultismo muchas veces por falta de entendimiento. Si no hay nadie que los instruya y los guíe hacia una verdad Satanas los llevara al inferno donde el fuego no se apaga y el gusano no muere.

En esa montaña no había nadie que predicara el evangelio yo nunca oí mencionar el nombre de Dios. Estábamos como animales irracionales escondidos entre la maleza. La palabra de Dios dice:

*"Pero estos, hablando mal de cosas que no entienden, como animales irracionales, nacidos para presa y destrucción, perecerán en sus propia perdición, Recibiendo el galardón de su injusticia, ya que tienen por delicia el gozar de deleites cada dia. Estos son inmundicias y manchas, quienes aun mientras comen con vosotros, se recrean en sus errores."*

*Segunda de Pedro Capitulo 2 verso 12 y 13*

Recuerdo que un gusano me pico en el pie y no sentí dolor. Los doctores me diagnoticaron con fiebre amarilla que comenzó a tomar control de mi. Los médicos no entendían por que razón no la podían controlar. A mis 7 años sufrí mucho con la fiebre y llegue a pesar algunas 47 libras. Por momentos yo deseaba morir por la agonia y el dolor de mi cuerpo. Yo me preguntaba, para que nací? Satanás tenía planes de muerte para mi o era un engaño satánico para poder engañar a mi madre.

Mi madre en su desesperación y ignorancia me levanto y me entrego a su dios para que el me sanara. Este era un rito satánico a las 12 de la noche donde se rendía pleitecia al diablo. Llego la bruja mayor cantaron y me levantaron y me entregaron a Satanás.

La mañana siguiente Satanás había tomado control de la situación una vida más para su reino. La fiebre desapareció satanas la puso y el la quito para engañar más a una madre desesperada. Cuan grave fue ese error.

En el libro de los Salmos Capitulo 23 el Salmista David expresa "Jehová es mi pastor y nada me faltara." A través de los años mi vida fue cambiando de una manera fatal y temerosa. Mi madre no se explicaba por que razón me gustaba las oscuridades donde no me atemorizaba. Las cosas bellas las destruía para contemplar su fealdad.

En mis primeros años mi abuela contemplo mi valentía hacia la oscuridad y podía controlar mis emociones a través de su cariño y amabilidades. En el mundo del ocultismo hay muchas verdades las cuales desconocemos y no nos preocupamos de descrubir si son buenas o malas. Lo único que puedo expresar es que son muy peligrosas.

Sabes que, tienes temor de las oscuridades? Es bueno. El mundo de Satanás es oscuro y no debes de desearlo jamás.

Satanás no quiere que tu le conozca tal y como es el. Mientras tú no le conoces el gana más terreno en tu vida la cual corre peligro. Debes de avanzar a conocer quien es Satanas porque en el evangelio ya tú conoces a Dios. Tú debes de conocer quien es tu mayor enemigo.

Nadie nos hablaba del evangelio solo la brujería se movía a tal grado que aun los animales eran malo y perversos. Quien es el hombre para dictar el camino de un ser humano? A quien iremos sino a Jesús? Quien era Jesús que nunca oímos mencionar a nuestro alrededor? Estábamos como los caníbales en la jungla donde solo se oía el sonido del viento.

Recuerdo que en las noches solo oía los gatos pelear los perros aullar a tal manera que espantaban. Los vecinos se pelaban unos con otros era una atmosfera demoníaca y triste.

Yo quería salir de aquel ambiente, pero como? Quien me iba ayudar si no había una persona con una conciencia limpia? Un persona que pudiera meditar en que mundo nos estábamos levantado?

Me concentre en odiar al ser humano, en las peleas, y ganar cada batalla que se me presentaba. Mi corazón se lleno de odio y venganza hacia todo aquel que se interpusiera en mi camino. Era como una carrera para ver quien llegaria al final. Al final de que? Estaba en un lucha infernal donde Satanás me escogía como sacerdotisa pero en mi inocencia no sabia a que rumbo iba.

Pude recordar que una noche estaba dormida y de repente llego aquel personaje que me observaba. Por un momento sentí temor pero luego vi el rostro de aquel ser muy bello. Puedo describir este personaje, era alto, su vestimenta estaban bien planchada, sus ojos azules, y de estatura muy alta. Lo único que me llamaba la atención era que no sonreía. Cuando quíese levantarme no pude moverme era como que algo me había pegado a la cama. Sentí temor por un instante. El personaje me observo y luego se fue acercando. Al personaje acercarseme penetro dentro de mi. Sentí un calor fuerte en mí ser, me dolió por un momento, pero después de un rato se calmo.

No comprendía lo que estaba ocurriendo pero lo único que note que mi vida desde aquel instante cambio. Satanás me había poseído y se hizo dueño de mi vida desde aquel momento. Nadie se dio cuenta de lo que ocurría en mi recamara estaba sola con el mismo diablo y no podía hacer nada estaba indefensa. No tenía otra salida ya tenia dueño y nadie podía sacarme de aquel seor.

Las tinieblas me rodearon y nadie se daba cuenta hacia que rumbo Satanás me dirigía. Comenzó a crear dentro de mi un mountro el cual el podía manejar sin problemás. Aun que no le tenía temor a nada ni nadie sentía que a mi lado siempre estaba alguien más fuerte que mis enemigos.

Satanás había puesto un demonio a mi favor. Nombre reservado, el rey del dominio y del poder demoniaco. Es uno de los demonios más fuerte que Satanás tiene a su favor para protección de las sacerdotisas. El se especializa en defenderlasy proteger sus caminos de todo aquel que tratara de lastimarlas.

Por un tiempo no sabia como usar el servicio de aquel demonio hasta que un día aquel ser me visito y me enseño como yo podía usar sus favores. Por un instante tuve temor porque aquel ser es lo más horripilante que ojos humanos puedan mirar y resistir. Satanás ordeno que velara por mí. A mi lado era como un perrito manso al cual yo podía manipular y todo lo que le ordenaba el lo hacia sin ningún problema.

A los 9 años comencé a usar su servico y me gusto. Estuvo a mi favor hasta mis 36 años de edad. Todo aquel que intentara hacerme daño solo tenia que ordenarle que lo lastimara y el lo hacia. Era tremendo su servicio. Hoy me arrepiento de todo el daño que aquel demonio hizo bajo mis órdenes.

La palabra de Dios nos enseña que *la potencias de los cielos se hacen fuertes pero solo los valientes lo arrebatan.* Yo fui una de esas valientes, quien pudo decir quiero ser libre.

Cuando abres tus labios y dices heme aquí o Dios el esta presto para rescatarte. Salir de la esclavitud de aquel pacto satánico no era fácil más bien peligroso. Una vez eres libre tu nueva etapa comienza y podrás ver solo la mano de Dios en tu vida. Luego el te guiara hacia toda verdad y victorias en tu caminar.

La palabra de Dios esta sobre mi por lo cual he creído que Dios es la palabra viva en quien pueda confiar. Hoy puedo vencer cada día, no es fácil salir del seor, y no es fácil vencer las tinieblas. Pero Dios esta siempre cuidando tus pasos y tus caminos para que puedas tener un día nuevo.

Satanás es bien astuto y sutil. El me puso una enfermedad y me la quito para tomar posesión de mi vida. Satanas tuvo un momento de triunfo en mi pero Jesús venció en la cruz del calvario y dejo la tumba vacia.

Las potestades del infierno me rodearon pero la luz de Cristo me cubrieron para llevarme a un triunfo el cual nadie me lo puede arrebatar. Si Dios te llama el te dará la fuerzas necesarias para triunfar y poder vencer en esto caminos.

Entregada a Satanás no fue la mejor decisión que mi madre pudo tomar pero Satanás la tenía engañada y confundida para muerte eterna. Satanás penetro en el hogar de mis padres y lo lleno de soledad, amargura, alcohol, y sobre todo muerte. Satanas quería hacer de mí su esposa desde los 7 años de edad y me pidió sin ningún respeto. Logro su medio propósito que mi madre me entregara a el en un rito satánico. Llego el día que el tanto esperaba. Vi una nube negra colocarse encima de la montaña donde se celebraba el culto satánico. Vi como las llamás de la fogata crecían y las personas que allí se reunían contemplaban aquella escena antes los ojos humanos no tienen descripción.

Podía ver los ojos de las personas como admiraban lo que allí ocurría. Se sentía una presencia tenebrosa pero a mi no me atemorizaba ya que aquel personaje al cual se le iba a rendir culto ya me había visitado muchas otras veces. Una de las veces que me sentía como que iba a morir ese personaje llegaba y me observaba con ojos no humanos. Sus ojos no infundían paz. Una vez me quiso tocar pero se detuvo. Sus ojos cambiaron como llamás de fuegos. Yo me pregunte, quien era aquel ser que con tanta ansias me perseguía?

Llego el momento en que logre abrir mis labios y le pregunte, quien eres? Que buscas? Nunca me hablaba solo me contemplaba.

Una noche estaba bien dormida y un ruido me despertó. Logre abrir mis ojos y en medio de la oscuridad logre ver una sombra. Un sombra la cual parecía la de un hombre. Cuando mire aquel personaje me miro y en la oscuridad me hizo seña para que le siguiera.

Yo era muy curiosa y me levante sin temor le seguí.

En esta nueva experiencia note que aquel personaje no tenia cuerpo solo una sombra la cual me causo curiosidad. Cuando logre ver bien hacia donde me conducía me llene de espanto.

El lugar era oscuro y se oían unas voces y unos alaridos como de perros. El lugar estaba lleno de unos seres muy horribles y todos me observaban. Ninguno se me acercaba note que aquel ser el cual me llevaba como un guía tenía autoridad sobre todos aquellos personajes.

No sabia lo que estaba ocurriendo de repente hubo un pequeño ruido y algo se movió donde me quede paralizada. Cuando pude ver claramente lo que se movía, por unos minutos perdí el conocimiento, abrí mis labios para gritar y no pude.

Cuando abrí mis ojos estaba acostada en una piedra muy grande y plana. Aquel ser me miraba pero sus ojos destilaban odio y muerte. De repente hubo un silencio y otro personaje se acerco y me tomo de la mano. Estaba muy temblorusca quería estar con mi familia era muy tarde y estaba muy oscuro. Tenía mucho temor, me levantaron, me llevaron a otro lugar pero de repente logre ver que ellos me llevaban a un lugar de sacrificio donde alguien me esperaba. Era Satanás en **vivo**.

Me atemorice de ver que Satanás estaba allí. Era un ser muy elegante y muy bello. La palabra de Dios dice que Satanás se viste como Angel de Luz y dice que Satanás vino a matar y robar, es padre de mentira.

Logre ver su rostro y su piel. Estaba limpio y bien vestido. Yo estaba muy niña para entender lo que estaba ocurriendo. Hoy puedo describir aquella escena tan tenebrosa y perversa donde las llamás del infierno se enloquecían para tomar posesión de mi vida. Satanás tiene todo control y aquellos personajes le rendían homenaje y se rendían ante a El. No se encontraba un ser humano lo único que se movía eran aquellos seres a los cuales no se le veían cuerpo.

De repente sentí un fuego en mi estomago y una fuerza que me lastimaba. Quería gritar pero no podía. Aquel personaje me observaba y tomaba control de mí. Cerré mis ojos porque no quería ver lo que estaba ocurriendo o lo que iba a acontecer. Las horas se hacían largas me dolía todo mi cuerpo de repente abrí mis ojos y cuando mire comencé a gritar. Aquel ser que momentos antes se veía tan elegante y limpio se había quitado su disfraz. Era horripilante lo que vi.

El tenia escamás sus ojos como llamás amarillas. Como podría describirlas, sus garras eran largas, no tenían hombros, sus dientes eran largos pero como cuernos, y tenia escamás largas en su cabeza. Quien quiere ir al seor donde solo encontrara oscuridad y tormento? Yo solo tenía 7 años. El libro de Apocalipsis describe quien es Satanás y cual es su propósito, atormetar al ser humano. Satanás es real. Yo estaba ante el y el no mostraba alguna compasión por mi. El solo quería obtener su propósito poseerme y hacerme suya.

En ese momento lo único que quería era morir para salir de aquel tormento y dolor. Quería irme con mi familia.

No hay nadie más inocente que una niña (o). Indefensa nadie sabía lo que estaba pasando. Pense por un momento que era mi último día de vida. Que equivocada estaba. Lo único que Satanas quería era poseerme y usarme para su servicio.

De repente algunos de aquellos demonios me tomaron, me levantaron y me llevaron hacia una nube negra llena de un olor horrible. Cuando me levantaron yo comencé a gritar pero mi grito no se oía. Logre mirar lo que iba a suceder. Eran llamás grandisima bajo mi cuerpecito. Era un abismo profundo donde solo salían una llamaradas y un olor pesado en el ambiente. De momento Satanás brinco como un águila gigante sobre las llamás y me tomo.

Comenzó a proclamar unas lenguas extrañas que yo no entendía. Me levanto y derramo un líquido apestoso sobre mí. Fue una experiencia horrible y inolvidable. Satanas como una nube penetro dentro de mí y yo quede en el aire como que alguien me sostenía. No me movía a ningún lado no caí. Fueron minutos que se convirtieron en horas largas. Dentro de mí sentí un fuego, nauseas, y deseos de vomitar donde quería morir.

Satanás tiene que vivir dentro de sus esclavos para poder lograr sus planes diabólicos. El no tiene otro modo de vivir sino hacer daño aun en nuestra niñez. Si estudias el libro de Daniel y lo unes con Apocalipsis entenderás que tienes un enemigo al cual tú no quieras servir. No deje que Satanás te posea, es una experiencia que te puede llevar a la muerte eterna.

## *COMO COMBATIR AL ENEMIGO*

Es un proceso para testimonio y que almás puedan ver y oír lo que esta detras de ese disfraz, Satanas es *Real*. El libro de Daniel describe a Satanás como lo que el era antes de ser destronado como ángel de luz. Así lo vi por primera vez ante mis ojos. Pero déjame decirte que detrás de ese disfraz hay una imagen moustrosa. Satanas tiene un poder sobre natural entidad que es personificación demoniaca y el enemigo de Dios y la humanidad. El ser humano no puede resistir la imagen de Satanás, solo cuando Dios lo permite. Satanás es lo más horrible que se pueda describir. Es sutil para llevarte a un infierno eterno y el no tiene piedad. Satanás se propone tomar control del celebro del ser humano y luego toma control total de tu vida.

Ese fue su castigo por querer igualarse a Dios. Su belleza no tiene descripción a lo que Dios le sentencio. En el Dia de Juicio lo veremos tal y como es.

Hoy es mi oportunidad de expresar lo que Dios permitió en mi niñez para poder ayudar a los satanistas y brujos llegar a la luz del evangelio. No juegues con la brujería, ocultismo, y el satanismo. Las cosas que tu no conoces son peligrosas donde te puden llevar a la locura, a la desesperación y a la muerte. Yo comprendo que el proceso fue bien duro y doloroso. Tu dirás, "Que Dios es el que servimos?" Pero déjame decirte que conociendo a Dios te puedo decir que el es lo más bello que yo he conocido. El poder de Dios es impresionamente.

*"Que guarda misericordia a millares, que perdona la iniquidad, la rebelión y el pecado, y que de ningún modo tendra por inocente al malvado; que visita la iniquidad de los padres sobre los hijos y sobre los hijos de los hijos, hasta la tercera y cuarta generación."*

*Exodo Capitual 34 verso 7*

Quien es Satanás? En el libro de Isaías describe lo que era, un ángel de luz como estrella de la mañana. Satanas es malvado, una serpiente llena de veneno para destrucción del ser humano. Hoy su maldición es ángel caído. Arrastrandose por el polvo, viviendo en las oscuridades del infierno, por su traicion, por querer tomar control y la posición de Dios.

Tienes que tener cuidado de lo que Satanas te ofrece y no ceder a las cosas que desconoces. Como niña no sabia lo que estaba ocurriendo en mi vida. Nunca le comente a mis padres lo que había acontecido aquella noche. Fue como un pacto con mi amo de nunca denunciar lo que había pasado. El encuentro que tuve con el diablo controlo mi vida por 30 largos años.

Fueron años de sufrimientos donde Satanás dirigía mi vida hacia la maldad. Comenzé como en un campo de entrenamiento donde tuve que aprender a usar las armaduras de Satanás y como manejar situaciones donde siempre tenía que salir victoriosa. En los campos de Satanás no puede haber derrota. Me encontré en situaciones donde tuve que enfrentarme con otras sacerdotizas y pelear por posiciones más altas. Eran niñas como yo, las cuales habían sido escogidas para el reino de Satanás.

Muchas de las veces que quise esconderme de Satanás para no hacer lo que se me ordenaba el enviaba unos de aquellos seres demoniacos a perseguirme. Era como que nunca estaba sola. El demonio que se asigno tenia un poder sobrenatural cuando menos lo esperaba se me revelaba. Yo conocía su presencia y no me espantaba como al principio. Logre vencer el temor. Era muy curiosa y quería ver que era en si su compostura. El no tenía cuerpo como los animales. Lo único que podía ver era su cabeza. Su semblante era muy feo. Parecía como un león y búfalo mezclado. Tenia dientes como de gatos enfurecidos y orejas de vampiros. El me observaba en todo tiempo como que esa era la orden que se le había dado de no quitar la mirada de mi.

Recuerdo que un día fui a la escuela y a la hora del almuerzo una niña de mucha conpostura comenzó a buscar pleito. No sabia que hacer ella era doble mi estatura, medite por un momento, mire al demonio que estaba a mi lado, entonces le ordene a mi demonio en aquel entonces que me defendiera por primera vez donde pude ver alguien a mi favor.

Nadie lo podía ver. Luego me dije para mi misma, "si no soy yo va a ser ella la que gane." La niña callo al suelo como que se estaba muriendo de calor y todo el mundo comenzó a ayudarla y luego llamaron la ambulancia. Me di cuenta que peligroso era aquel demonio a mi favor. Desde aquel momento me gusto su compañía y fue mi amigo por alrededor de 30 años. Nunca fui sacerdotisa nunca Satanás logro ese propósito en mí. Dios cuido que el propósito de Satanas no se llevara a cabo en mi vida para ser sacerdotisa tenia que hacer pacto de sangre.

Apocalipsis describe el seor para Satanás y sus demonios. Satanás no quiere ir solo. Me di cuenta de que siempre estaba vigilada por alguien. Pude enfrentarme a muchas satanistas peligrosas y salir victoriosa. Eso era lo que me hacia hundirme más en el seor donde la fuerza demoníaca me atraía y no me daba cuenta de cuanto peligro corría.

Permitame hacer esta aclaración: mi madre salio del ocultismo y a continuación algunos miembros de mi familia ingresaron al evangelio. A pesar de que yo acompañaba a mi madre a la Iglesia, Satanás tenía control de mi vida.

No sentía interés por el evangelio, más bien lo odiaba. Mi mente estaba en la oscuridad, en los placeres del mundo y sus deleites. Eran días largos los cuales me entrenaba para conquistar las oscuridades. Me gustaba la maldad y el pleito. Note que en cada pelea yo siempre era vencedora y me gustaba.

Un día tuve un pleito con otra niña en la escuela. La lastime a tal grado que termine en una corte escondida de mis padres. Cuando llegamos delante del juez y el pregunto a la madre de la otra niña "quien era la contrincante?" Me presentaron delante del juez. El comenzó a reírse. El juez cancelo el juicio. Aquella niña era doble a mi tamaño yo solo pesaba 70 libras y ella unas 140 libras. Pude descubrir que peligroso era el poder de aquel demonio.

Los años pasaron y continuaba siendo estrenada por el reino demoniaco. Mi mente era como un animal sin sentido. No tenía compasión de nada ni nadie. Satanás se deleitaba en usarme y había hecho de mí una persona llena de odio y rencor hacia el ser humano. En muchas de las fiesta que se celebraban para dar merito a Satanás yo me preparaba como si fuera a recibir al hombre más importante del mundo. Muchas de las fiestas del ocultismo no se celebran en montes o lugares oscuros. Los Satanistas escogen lugares elegantes como hoteles o lugares de convenciones. Todos se visten de gala y son fiestas costosas. Se usa la mejor vajilla y se toma el mejor vino. A Satanás le gusta que lo honren y le den gloria. El posee al hombre más importante de la ciudad donde El esta habitando. Satanás no es ommiciente, ni omnipotente, el no puede estar en todos lados.

Satanás escoge una ciudad y busca el lugar apropiado para plantar sus principados y montar su reino. Ese es el propósito de la Fiesta Solemne que se celebran en cada ciudad.

Cuando llega la media noche los demonios se revelan y comienzan los pactos de sangre y las orgías. Le doy gracias a Dios que me libro de ellas.

Por cierta razón siempre estaba al lado de Satanás vestido con la mejor ropa y un estilo muy elegante. Satanas prefería mantenerme a su lado en todo tiempo donde nada ni nadie se me podía acercar y si alguien lo hacia era por que el lo permitía. En cierto modo me sentía importante pero esa importancia me llevaba a una muerte la cual solo Jesús me pudo liberar. Nadie en mi familia podía imaginarse cual era el papel de mi vida que yo hacia y por donde yo iba. Mis padres siempre me admiraban por mi braveza. Pero nunca se imaginaron que Satanás había tomado posesión de mi vida. Por largos años, Satanas fue mi amo y yo su esclava.

En Primera De Juan dice "que el que es de Dios el maligno no le toca" pero en ese momento quien estaba a mi favor. Si mi familia no conocia a Dios. "Quien me podia librar de aquel ser tan perverso que solo se interesaba por llevar almás a su reino infernal?"

Hoy puedo entender que solo Dios puede librar al hombre del infierno ardiente. En Mateo Capitulo 2 verso 13, Rey Herodes buscaba al señor Jesús para matarlo. Satanás busca lo que tiene valor. El sabia que yo tenía un valor extraordinario y no quería que ese plan se llevara a cabo. Pero Jesús vino a dar vida y el ya había pagado ese precio por mi en la cruz del calvario.

En el libro de Apocalipsis Capitulo 20 versos 7 al 15, revela la rebelión y juicio final de Satanás. Cuando Satanás entro en mi cuerpo menciono unas palabras que quedaron en mi mente por años y fueron las palabras claves para poder controlar mi vida. El infierno llega a tu memoria eternamente y queden las llamás del infierno grabadas en tu alma.

Cuando el hombre vive ignorante de lo que Dios tiene para el hombre, Satanás toma control de todo lo que el pueda tocar y manchar con su odio y rencor contra Dios. Fue através de mi que Satanás podía controlar muchas situaciones religiosas y destruir vidas inocente.

En Gálatas Capitulo 1 verso 7 nos enseña "no que haya otro si no que hay algunos que os pertuban y quieren pervertir el evangelio de Cristo" son sectas las cuales se igualan al evangelio, las cuales muchos han sido atrapados.

Satanás sabía que en mi corazón había un vacío el cual nadie podía llenar. Siempre me encontraba sola en los montes oscuros y Satanas vigilaba cada paso y se aprovecho de mi inocencia y mi soledad.

Satanás ha desarrollado creencias espirituales falsas para confundir la mente del ser humano. El le hacer creer que han descubierto el camino correcto hacia una salvacion.

Satanas tiene sus propios templos, doctrinas, y enseñanzas falsas las cuales son subliminares. La Biblia dice en Juan Capitulo 10 verso 10 "que el vino a hurtar, matar y a destruir." Satanas sabe nuestras debilidades. En Juan Capitulo 14 verso 30 nos enseña la intención es influenciar al ser humano hacia la maldad.

La Biblia llama a Satanas el príncipe de este mundo. No entendemos por que Dios le dicto ese nombre. Dios le dicto ese nombre por su influencia demoníaca y el control que tiene sobre todo aquel que es inocente o mejor dicho que no quiere entender la palabra.

Para el que no conoce quien es Satanas. Si estudias la palabra en el libro de Daniel Capitulo 10; El Arcángel Miguel pelea con el príncipe de Persia. "Quien es el Principe de Persia?" Es Sataná! Vestido de príncipe con ropas de seda y con rostro de humildad para confundir la humanidad.

El Apóstol Pablo nos recuerda que tenemos una guerra contra principados, potestades, governadores de las tinieblas en este siglo. En Efesio Capitulo 6 verso 12 enseña que uno (a) no esta sola. Por sofisticadas que sean las fiestas o ritos satánicos no son capaces de enfrentarse al poder de nuestro Dios. Con la ayuda de Jesús y el refuerzo del espíritu santo podemos salir adelante.

El Apostol Pablo conseja que Dios nos ha librado de las potestades de las tinieblas y trasladado al reino de su amado hijo Jesus.

En Filipenses Capitulo 4verso13 nos enseña "Todo lo puedo en Cristo que me fortalece." Tenemos que hacer uso de la ayuda que Dios nos ofrece. Todo lo que tenemos es Cristo que es nuestra fortaleza. Acuérdate que Satanás fue destronado por que quiso ser como Díos y pensó ser tan poderoso como el. El diablo falsifica los principios de Dios.

Te contare un poco de como Satanás se introduce en el evangelio. El necesita satélites demoniacos para poder llevar a cabo su propósito y agotar a los líderes dentro del evangelio.

Yo iba a una iglesia Pentecostal donde mi madre se congregaba. Como joven llena de vida ante los ojos humanos pero dentro de la iglesia era como una bomba llena de legiones para destrucción del evangelio. Satanás solo necesita un instrumento para destruir los planes de Dios. Por eso tenemos que santificarnos y lograr de ser libre de toda maldición de nuestra niñez. Hay muchos hoy dentro del evangelio que no han sido libre y son como una bomba de demonios a favor de el reino satanico. No pueden prosperar para el uso del Reino de Dios.

Muchos llevan consigo ataduras y ritos religiosos que hacen daño al evangelio. Yo me congregaba como cualquier cristiano pero servia a Satanás. Podría describir muchas de las experiencias que tuve como joven sirviendo al reino satanico pero estaría toda una vida por que el mundo del ocultismo no tiene fin.

Describiendo como Satanás puede llevarte a un infierno donde el gusano no muere ni el fuego se apaga. Pero solo hay una verdad. Que es real. La mayoría de las veces Satanás se presenta como Angel de Luz y es muy difícil reconocer que es el. Si eres libre y obtienes el don de discernimiento podrás darte cuenta cuando el esta presto para destruirte.

Muchas de las veces Satanás se me acercaba y me ordenaba hacer cosas horripilantes, perversas, y no me podía negar.

Te contare algunas de las veces que Satanás me ordeno que matara animales para su uso como ritos satánicos. Como niña muchas de las veces no quería pero tenía que hacerlo. Obedecer a Satanás es lo mejor que una persona puede hacer mientras esta bajo su influencia. No hay escapatoria. Satanas tiene un poder fuerte sobre sus esclavos y el no le pide permiso a nadie. Se tiene que obedecer.

Por esa razón hoy hay muchas personas que no pueden crecer en el evangelio. Por que aun no han tenido las fuerzas necesarias para decirle a Satanás, *"Se termino tu tiempo!"*

Unos de los pastores que más me impresiono en mis primeros pasos de cristiana fue, El Pastor David Yoggi Cho De Saul en Korea. Me impacto unos de sus testimonios, como Satanás se trasforma en lo más espantoso para destrucción de una alma.

La mayoria de las veces Satanas se presenta como Angel de Luz. El es un imitador y se aprovecha de las situaciones del ser humano. Como la enfermedad, la soledad, y el dolor del alma. En muchas ocasiones me sentia sola y oprimida. No sentia paz y me queria morir. En ese instante de soledad Satanas llegaba a mostrarme otro panorama más espectacular donde mis pensamientos se iban borrando y llenando de su imitacion y falsificacion momentanea.

Apesar de la soledad que muchas veces embargaba mi alma, no me imaginaba que iba a ocurrir atraves de los años. Llegue a mi juventud atada al ocultismo y con cadenas de muerte. No podia comentarlo con nadie. Era una ley que en el reino satanico no se puede romper.

El Reino Satanico tiene un secreto que muchas de las personas que estan en el evangelio no las han descubierto y corren peligro. El Reino Satanico es unido y no hay división. Por eso la mayoria del tiempo en las luchas espirituales vencen las batallas sin ningun problema.

El cuerpo de cristo debe ser unido en todo el sentido de la palabra y nunca darse por vencido. Si estamos en una lucha espiritual y dejamos que los pensamientos nos controlen somos hombres derrotados. En el campo satanico hay misterios que solo el que lo vive y parpa como yo pude parparlo obtiene mejor resultado.

Yo pude combatir las fuerzas demoniacas con mejor facilidad. No te dire que va a ser fácil, pero si te dire que muchas de las batallas se hacen más faciles ya que conocemos los demonios por su nombre y su funcion.

Satanas es como un veneno que cuando te toca ya no tienes remedio. Solo la sangre de Cristo te puede limpiar y curar esas heridas del pecado. Me encontre muchas veces en un remolino de confusión. Salir del ocultismo es muy serio. Cuando decidi rechazar a todo lo que habia practicado en mi juventud, no fue facil. El dolor y la desesperación de la vida es abrumadora. El veneno que ya estaba sembrado en mi corazón era muy fuerte y peligroso. Sentia que mi corazón se iba a partir en pedazos y que moria la mayoria de las veces. Muchas de las veces me encontre con demonios que me querian matar. Los demonios obedecen las órdenes sin cambiar el curso. Cuando Satanas ordena a sus demonios a que destruyan una vida ellos obedecen al instante. Satanas tiene dominio, control, y ellos no se niegan jamás. El crea una fantasia en el mundo y tiene cinco demonios que solo tienes una sola funsion. Esos demonios salen a las ciudades solo a destruir un alma por semana. Ellos toman forma de mujer o hombre y su funsion es hacerlos caer. Solo tienes cinco dias y sino lo logran Satanas tiene un castigo de fealdad donde El le quita su belleza y los encierra por largo tiempo en el seor de oscuridad. El no tiene misericordia ni aun con los que le son fieles.

Muchos cristianos al servir a Dios entran en mucha confucion por razon de querer ir muy rapido y no entienden que tienen que ser primeramente libre. Si no han sido libres aun Satanas tiene acceso a su vida espiritual y los hace pecar en cada momento.

Dejame explicarte una vez más: Vas a tener batallas por que el no descansa. Satanas siempre esta buscando a quien destruir. Asi quiso usarme en el mundo espiritual para hacer caer y destruir a muchos (as). Algo me protegia de rechazarlo. Aun no he terminado de contar todas las esperiencias que tuve con Satanas en vivo. Si Dios me da la dicha de escribir una próxima edición te podre contar muchas de ellas y comprenderas que yo estoy en: La Mejor Etapa De Mi Vida.

# CAPITULO I

## Recordando Mi Niñez

Dios llego y toco la puerta de mi hogar. Un hogar destruido lleno de temores.
Lleno de confusion, llantos, lamentos, lleno de miseria y sobre todo muerte.
Cuando la muerte llenaba aquella asmosfera y se llenaba todo de oscuridad.

De repente alguien toco la puerta estaba sentada en mi
casa. A oscuras pensando quien podia ayudarme. Llego el
recuerdo de mi niñez lo mucho que sufri, pensaba en mi
soledad que a pesar de tenerlo todo, no tenia nada.

Pense en que los dias se hacian largos y duros. Bajo
el abuso, el maltrato, el alcohol, y la musica, pense en ese
momento para que vivir? Llego a mi mente cual es la mejor
etapa del hombre? Solo? O rodeado de gente? Yo lo tenia
todo pero me sentia sola. Me rodeaba mucha gente pero no
sentia nada, solo soledad. De momento llego a mi mente
mi madre! Una mujer que trato de llenar aquel vacio con su ternura, amor y
paciencia. Me imagine su rostro el dia que llegue a este mundo.

Junio 1, 1961 a las 11:00 de la manana, llena de Júbilo y gozo, tengo tres
hermanos y tres hermanas. Me imagino la alegria en aquel hogar. Pero luego me
invadio la soledad volver a pensar en la mejor etapa del ser humano. Cual es?
Este libro te llevara a entender la mejor etapa de tu vida, que es lo que tienes que
hacer y entender en el ambiente que te rodea.

En momentos dificiles y tristes, hay un secreto que al final de esta lectura te
alegraras tomaras fuerzas y podras levantarte como el Aguila.

*"Pero los que esperan a Jehovà tendran nuevas fuerzas, levantaran alas como las
aguilas, correran, y no se cansaran, caminaran, y no se fatigaran."*

*Isaias Capitulo 40 verso 31*

Espero que este libro sea de edificacion para ti, tu familia, y amigos. La paz
de Dios imnunde tu vida, sea llena de nuevas fuerzas, y puedas entender cual es
la mejor etapa de tu vida.

Sali de la isla de Puerto Rico, Noviembre 15, 1977. Tenia 15 años, aun estaba llena de vida llena de muchas metas; que como joven queria alcanzar. Llegue al estado de Nueva York donde estaba frio, la brisa soplaba y aun no me acostumbraba al cambio.

La gente caminaba de un lado para otro yo estaba llena de un gozo y admirada de cuan grande era el mundo. Nunca pense que hubiera tanta gente en el mundo. Era la primera vez que salia de mi isla querida, La Bella Borinquen. En ese momento vino a mi recuerdo cuando me sente en mi asiento, yo miraba afuera las alas de aquel avion parecian un pajaro gigantesco.

Mi córazon latia a paso acelerado, comenze a llorar, era la primera vez que me separaba de mi familia, y me llene de una emocion confusa no podia detener mis lagrimás queria regresarme con mi mama.

Llena de aquella emocion senti una mano en mi hombro, y no me habia dado cuenta que una anciana se habia sentado junto a mi. Ella me pregunto. "Perdona, por que lloras?" No le podia contestar porque era tanto el llanto . . .

Despues de un rato, le conteste, "Es la primera vez que me separo de mi familia y tengo mucho miedo, nunca he viajado en avion." Ella contesto. "Oh, no te preocupes en poco tiempo estaremos en la manzana gigante y todo terminara." "Manzana gignate?" "Si." "Asi le dicen a Nueva York. Uno se puede divertir porque es un mundo lleno de aventura y de gozo." Es bello y lleno de alegria." Le conteste. Espero que me guste. Llena de sollozos mire por la ventana del avion y por ultima vez le dije, adios a mi familia y sobre todo a mi mama' querida.

De repente un ruido me hizo gritar de miedo. El avion iba a despegar y la anciana me abrazo como una madre abraza a su hija. Me admire del cuidado que ella tuvo conmigo. Pense, "seria Dios que la envio a cuidarme?" Pues cuando abri los ojos, ya estabamos en el aire. Mire por la ventana y vi mi pequeña isla hacerce más pequeña. Era bello ver aquel paisaje de luces que se hacian más pequeñas cada segundo y por ultimo le dije adios; a borinquen mi isla querida, Puerto Rico.

Dormi todo el viaje en los brazos de aquella anciana. Ella tenía pelo blanco, usaba espejuelos y me imaginaba ojos azules. Era muy cariñosa. De reperte me desperto "Llegamos a La Gran Manzana." Oh! Que bello era Nueva York. Lleno de luces muchos gritos y alegria. Se acercaba el tiempo de la navidad. La gente corria de aqui para alla y nunca me cruzo por mi mente que fuera de esta manera.

Yo nunca pense que viajar de un estado para otro fuera tan rapido. Sobre todo nunca pense que mi vida fuera a cambiar de vida a muerte. Aquella anciana que cuido de mi me abrazo y me dijo "Adios!" Nunca más la volvi a ver.

Cuando vi el padre de mis hijos en el aeropuerto el se lleno de alegria en verme. El era Primer Sargento del ejército. Me pregunto. "Hola como te fue?" Sonriendo, le dije, "Bien". En ese momento medite en el dia que lo conoci . . .

Una Iglesia Pentecostal en Puerto Rico, estaba sentada en el servicio y cuando mire por la ventana lo vi. Pense que misterio habia entre el y yo, como que nacimos el uno para el otro. Sali de mi pensamientos, lo bueno era que estabamos junto y que seriamos felices por toda la vida. En Junio nacio nuestra primera niña, Katheline. Ella era bella y lleno nuestro hogar de alegria y toda la familia se regocijo. Era como un cuento de adas que me llevo a pensar a un futuro mejor.

Por eso, que Salmo 23, me llena de paz y alegria.
*"Jehova es mi pastor nada me faltara . . ."*

Que bello ahora puedo comprender que la palabra de Dios se hace real en nuestras vidas aunque yo no lo conocia. Yo no conocia a Dios. No sabia quien era el, yo estaba muy joven para entender lo que era el evangelio, a pesar de que mi madre nos llevaba a la Iglesia. Nunca me explicaron quien era Dios. Ahora comprendo que Dios cuida de su hechura aunque no le conocemos. Al salir de mi isla El cuido de mi y me libro de mis temores.

*"De Jehovà es la tierra y su plenitude el mundo y los que en el habitan."*

*Salmo Capitulo 24*

Como El no va a cuidar de mi? En Agosto 1980, sali para Alemania con mi hija nunca pense que viajaria tanto, a lugare bellos y tan lejanos. A pesar de que personas malignas me rodearon, Dios cuido de mi. Comenze a tomar licor y a fumar cuando llegue a Alemania. Ya estaba atada al cigarillo aun no tomaba mucho alcohol pero alli me esperaba otra etapa más dura, cruel y confusa. Comprenderas que las emociones habeces te pueden llevar a la muerte. No me di cuenta que por ser joven habia peligro en todo lo que parecia bello.

Pasaba la mayor parte del tiempo sola, era oscuro, el clima, frio, callado, para ese tiempo se preparaba la Guerra de las murallas de Berlin. No conocia a nadie solo una familia de Peru. Se veian inocente, pero a la larga del camino eran borrachos, fumadores, y comenze a pasaba más tiempos con ellos que con el padre de mi hija. Me fui hundiendo en el alcohol de una manera tragica y para mi era una forma de escapar de la soledad. Como que yo habia nacido para estar sola, llorar y sufrir. Todas las personas que me rodeaban era amantes de los vicios como que el mundo se habia plantado sobre mi cabeza para llevarme poco a poco a la derrota.

*Muestrame, oh Jehova, tus caminos; Enséñame tus sendas."*

*Salmo Capitulo 25 verso 4*

Este versiculo habla de la senda de Jehovà de sus caminos los cuales yo no conocia.Pero dentro de mi yo sabia que estaba la semilla de Dios sembrada. Ahora puedo ver que Dios me tenia en sus planes.Cual es la mejor etapa del ser humano? Como se puede entender? Por ejemplo, Sadrac, Mesac y Abednego.Tres hombres que no doblaron las rodillas ante la propocision del Rey Naucodonosor "De no contaminarse".

Te alegraras y te gozaras con este libro que es inspirado por la revelacion divina de Dios.

Cuando no puedes entender lo que te rodea, es mejor no apresurarte a lo que no entiendes o tratar de resolver. Lo que aun no se te ha revelado. Lo que no se ha revelado te puede lastimar y aun llevarte hasta la muerte.

Dos años despues nacio mi segundo hijo, Erick. Fue otro dia de alegria de felicidad, habia jubilo gozo todo el mundo estaba feliz. El lleno lo que estaba vacio dentro de mi.Tan lejos de mi familia en un mundo tan diferente, tan joven, indefensa, y llena de vida. Yo perdi mis esperanzas de optener una educacion y llegar hacer alguien en la vida. Ese era mi pensamiento cuando deje la isla de Puerto Rico.

Que equivocada estaba que mis planes tomaron otro rumbo. Comenze a planear el futuro de mis hijos ya no podia pensar en mi carrera. Tenia que pensar en mi familia, en la nueva vida que me rodeaba.

A pesar que estaba lejos de mi familia y en un mundo diferente, nunca olvide, en un servicio Evangelico en el 1976, una protetiza se me acerco me dijo que yo iba a ser misionera. A pesar de ver mi vida, como cambiaba, lleve conmigo aquellas palabras. "Iras por todo el mundo a predicar el Evangelio."

Que contraste y rumbo habia tomado mi vida, yo nunca más volvi a una Iglesia. En ese instante, mi niños comensaron a llorar, deje mis pensamientos aun lado y me concentre en cuidar a mis hijos, el regalo que Dios me dio.

Aunque no conocia a Dios, el me habia marcado para su obra. En mi ignorancia en ser joven me segue en los placers de la vida. Aun recordando un pasaje biblico que me dictaron cuando yo era niña.

*"Guardame como a la niña de tus ojos escondeme bajo las sombra de tus alas."*

*Salmo Capitulo 17 verso 8*

Por muchos años mi mente se cerro a lo desconocido y me olvide de Dios al cual yo no conocia. Yo no conocia bien el pasado de el padre de mis hijos. Un pasado que atraves de los años me iba a lastimar. Subliminarmente me sellaba los ojos a ver una etapa fixticia que me llevaba rumbo a la muerte.

Todo cambio de la noche a la mañana dinero, baile, vino, droga, cigarillo, y peleas. El rencor, la maldad y el odio se apoderaron de mí. No podia comprender porque mi córazon anhelaba la maldad, si para mi era los mejores momentos de mi juventud. Tenemos un enemigo que es secreto que tranforma tu vida en algo fixticio que al final es muerte.

Pasaron los años y me concentre en aquel odio contra el ser humano. Me hundi más en los vicio. Comenze a cantar en una orquesta donde pense por un momento que me ayudaria a olvidar el odio, el rencor, el dolor, en mi córazon aquello que me imnundaba, ya no tenia control. En la farandula de la musica es donde más alcohol y droga se puede encontrar. El mundo se habia propuesto a hundirme en sus placeres. Pasaron años donde no pude salir del alcohol y las drogas, más bien mi cuerpo lo anhelaba más y más.

*"Hasta cuando Jehovà? Me olvidas para siempre?*
*Hasta cuando esconderas tu rostro de mi?"*

*Salmo Capitulo 13 verso 1*

Asi clamo mi alma, en el momento de angustia cuando no habia nadie que me pudiera ayudar. Cuando me sentia sola queria morir; todo guardo silencio a mi alrededor.

Podia yo entender lo que me rodeaba? Tenía todo lo que el mundo ofrecia. No podia comprender por que sentia un vacio en mi vida.

# CAPITULO II

## El Cuidado de Dios

En 1983, llegue a la isla de Hawaii. Que ambiente tan bello. El sol caliente, el aire, los pajaros, me recordo mi isla de Puerto Rico. Comenzaba otro tiempo donde todo se calmo por un periodo de tiempo. Me miraba en el espejo y podia comtemplar mi rostro aun joven llena de vida. Por eso quiero que comprendas que tenemos un enemigo que cada segundo esta a nuestro lado. Por un momento se queda quieto para mostrarte otro retrato y otro panorama cuando todo se ve bello y pasivo es cuando más peligro te asecha.

Tienes que compreder en que etapa estas viviendo? Satanas tenía planes de muerte para mi pero Dios tenia planes de vida. Lo que yo tenía que entender era el plan de Dios. Pero como? No habia alguien valiente que se me acercara y me hablara de algo contructivo. Alguien que me ayudara a salir de aquel circulo vicioso de las drogas y alcohol. Trate todos lo medios pero más me hundia en el vicio.

Me gustaba trabajar era una persona trabajadora y en el horario de trabajo, era alguien muy diferente. Yo era alegre, positiva, ahorrativa, me gustaba tener dinero, ese era mi mejor detalle a la prosperidad. Tenía dinero y buenos carros, para mi tenia todo lo que yo necesitaba. Yo me sentia arriba del mundo, queria ser una mujer poderosa en la sociedad pero el dinero cambio mi vida.

Cerre mi mente a todo lo que podia llevar el nombre de Dios, Evangelio, Religion, y me concentre en formar una mujer poderosa y en el ambito femenino. Mi Córazon dijo. Nadie me hara llorar, ni lamentarme, Jamás!

En 1986, llegue al estado de Washington donde comenze a formar otro estilo de vida. Yo tome pocesion de todo lo que podia generar dinero. Me uni a un grupo de mujeres que todo lo que hacian era traficar drogas de un estado a otro. Era una ley que cada una tuvieranos un nombre de iniciacion. Me iniciaron con el nombre *La Muerte*.

La paga era generosa no sufria de nada podia obtener lo que yo quisiera todo el mundo admiraba mi valentia y entonces compredi que yo era importante para la sociedad.

CUIDADO! Cuando te digan que eres valioso(a) para la sociedad, ellos lo aseguran. Yo pense que era valiosa pero me equivoque. La sociedad sacaba provechos de mi inteligencia y mis valores. Logre tener lo material, una vida buena, sin preocupaciones y obtener todo fue para mi un deleite. Esto era lo que la sociedad me hizo pensar.

El dinero me estaba enloqueciendo. Me bloqueo mi mente aun triunfo fixticio. Un dia como otro me levanto y miro el periodico. Alrededor de las 10 de la mañana lei el periodico Primera Plana, Extra, Extra. Cai de rodillas en mi sala. Cuando lei que todos mis amigos aquellos con los que yo traficaba los habian llevado presos en Octubre 11, 1989 en una redada.

Guarde silencio por un largo rato. Lagrimás llenaron mis ojos. Nunca llegue al centro de reunion esa mañana dormi más de lo normal y no pude llegar a la plaza. A las 10 de la mañana se formo el botim más grande en la historia, todos habian sido arretados. El grupo tenian 10 kilo de heroina el valor de 10 millones en la carretera. Todos ellos fueron sentenciados a muchos años de prison. Hay comprendi que sin Dios no somos nada.

Cuanto Dios me amaba, cuanto cuidaba de mi, no merecia su amor. Yo podia comprender que era Dios el que cuidaba de mi. Cuando lei la noticia me acorde de una muchacha de Costa Rica su nombre era Maritza muy bonita muchacha, la conoci en el servicio militar. Ella me hablaba de ese Dios que yo no conocia. Ella fue el instrumento que Dios tenia preparado para abrir paso que su palabra entrara en aquel córazon lleno de odio, temores, sangre, y sobre todo muerte.

Como Dios podia amar alquien como yo? Meditaba en las palabras que Maritza me predico." Dios te ama, el quiere salvarte de todo peligro." Solo aquellas palabras llegaban a mi. Fue como una pelicula que por muchos minutos pasaron por mi mente.

Aunque yo no conocia a Dios, en ese momento le di gracias por aquella muchacha cristiana que me menciono un dia. "Dios nombre sinigual."

Por eso este Salmo es el Salmo de mi amanecer.

*"Te amo, oh Jehova, fortaleza mia.*
*Jehova, roca mia y castillo mio, y mi libertador;*
*Dios mio, fortaleza mia, en el confiare;*
*Mi escudo, y la fuerza de mi salvacion, mi alto refugio."*

*Salmo Capitulo 18 verso 1 y 2*

Todo se convirtio en un infierno del que muchas gente hablaban. Yo pensaba que el infierno solo se experimentaba debajo de la tierra pero yo lo tenía en mi propia sala. Mi hija se volvio loca, iba rumbo al manicomio y mi hijo comenzo en el vicio de las pandillas.

Un hogar lleno con odio, dolor, mentiras y rumbo al divorico. Todo se derrumbo ante mis propios ojos trate de quitarme la vida 3 veces. El padre de mis hijos se entrego a los satanistas, una secta que proclamaban el Diablo y proclamaban el texto yo amo a Satanas!

*"Bienaventurado el hombre que teme a Jehova y en sus mandamientos se deleita en gran manera."*

*Salmo Capitulo 112 verso 1*

Comenze a meditar en la farandula de la musica, los deleites de la vida. No era lo mejor para mí, mis hijos y mi hogar. Era madre, tenía un hogar que se estaba derrumbando. Pense por un momento cuando vi la condicion de mis hijos y de mi hogar. Todo se deslisaba de mis manos. Perdia todo por apostar mi suerte, las riquezas me estaban derrumbando me llevaban a la locura.

Cuando el hombre no cree en Dios, algo tiene que pasar en su vida para que medite y piense que no estamos en este mundo por nosotros mismos estamos aqui por alguien, Dios!

Yo no tenía temor a nada ni a nadie. No queria darme por vencida, no queria comprender que tenía que buscar ayuda donde la busque y no la encontre. Yo no queria saber de religion y no queria ser cristiana. Todo aquello que hablaba de Dios lo detestaba. Me dolian los oidos cuando mencionaban el nombre de Dios. Mi mente estaba turbada. Corri para todos lados buscando ayuda de medicos, siquiatras, y brujos para la cura de mi hija donde no encontre solucion.

# CAPITULO III

## Cuando Dios llama

*"No ameis el mundo ni las cosas que estan en el mundo."*

*Primera de Juan Capitulo 2 verso 15*

Mi desesperacion por la sanidad de mi hija me llevo a doblegar mi orgullo que me controlaba de reconocer que Dios era más fuerte, grande, y alto. Tengo un hermano que es cristiano y siempre me hablaba de Jesús. Por mucho tiempo me burlaba de sus predicaciones. Necesitaba ayuda. No sabia que hacer, lo unico que pense ante de llamarle fue la necesidad y la codicion de mi hija. Mi desesperacion era mayor.

Marque su numero de telefono y el me contesto. Hello? Yo le dije "por favor ven a mi casa necesito un consejo." "Ok ya voy". Los minutos se convirtieron en largas horas en que me sentia inutil para lidiar con la situacion. Lo que se origino en el cuarto de mi hija, fue algo horroroso, no lo puedo describir.

Cuando llego mi hermano, fue como que llego el ejército entero de Dios. "Que pasa?"

"No entiendo lo que pasa?" "Kathy esta como media loca!" Cuando mi hermano entro en el cuarto. Se formo una guerra. Mi hija usaba un lenguaje extraño. El ambiente en mi casa estaba lleno de oprecion, insegurida, y temores. En ese instante, comprendi que yo nesecitaba ayuda.

Mi hermano, Angel, termino de orar. Cuando mi hermano salio del cuarto su rostro estaba rojo, sudor corria por su frente y estaba palido. Me miro fijo a los ojos con la Biblia bajo sus hombro, en ese momento pense que me iba a golpear. El abrio sus labios y sus palabras cambiaron mi vida para siempre.

Mirandome a los ojos fijos me dice, "No hay medico alguno que pueda curar a tu hija, ni siguiatra, ni curandero. No hay medicina para su condicion, pero te voy a decir una cosa, cuando tu le entreguez tu vida a Cristo, entonces la sangre de Jesús la sanara. No tienes remedio, entregale tu vida a Jesús.

*Yo, la luz, he venido al mundo, para que todo aquel que cree en mi no permanezca en tinieblas. Al que oye mis palabras, y no las guarda, yo no le juzgo; porque no he venido a juzgar al mundo, sino a salvar al mundo. El que me rechaza, y no recibe mis palabras, tiene quien le juzgue; la palabra que he hablado, ella le juzgara en el*

9

*dia postrero. Porque yo no he hablado por mi propia cuenta; el Padre que me envio, el me dio mandamiento de lo que he de decir, y de lo que he de hablar. Y se que su mandamiento es vida eternal. Asi pues, lo que yo hablo, lo hablo como el Padre me lo ha dicho.*

*Juan Capitulo 12 verso 46 al 50*

Que poderoso es el nombre de Jesús? Guarde las palabras que mi hermano me dijo. Me penetro mi carne, estremecio el volcan lleno de lava en mi interior. Nunca habia oido palabra tan dura, fuerte que hiciera tanto efecto en mi corazón. Las palabras me hicieron temblar, extremecieron mi alma entera fue como un terremoto que se activo dentro de mi ser.

Pasaron los dias, hubo un sentido de tranquilida en mi hogar pero mi hija no habia mejorado total mente. Cada vez que me acordaba de la palabras, "Jesús" su sangre cambiara tu vida, era como un tormento en mis oidos. Muchas veces me tapaba los oidos para no oirlas quedaron en el aire flotaban por todos lados.

Es tremendo cuando nos hablan de Dios y no queremos aceptarle pero cuando hay una necesidad como la que yo estaba pasando recurri a Dios!

Pedi a un cristiano que viniera ayudarme a resolver el problema de mi hija. "Que ironico?" En otros tiempos yo me burlaba de ellos. Ignoraba cuanto tiempo habia perdido en las drogas, alcohol en la farandula de la musica, y más en el tráfico de las heroinas.

Yo habia amado el mundo y sus placeres más que a Dios, ahora Dios queria llamar mi atencion. El pecado de los padres cae sobre sus hijos. Dios no es malo; el nos ama y no quiere que ninguno se pierda. Dios llamo mi atencion, usando a mi hija. Y hoy comprendo que Dios tiene poder, el queria llamar a la puerta de mi corazón y que yo le dejara entrar.

El Capitulo 37 de libro de Isaias versiculo 28 dice de la siguiente manera, "He conocido tu condicion, tu salida y tu entrada y tu furor contra mi."

Toda mi familia servian a Dios, y por sus oraciones esa semilla estaba germinando dentro de mi. El Evangelio estaba sembrado en mi corazón. Muchas veces cuando Dios llama, no lo entendemos. Asi es cuando se origina la batalla entre el cielo y el infierno por nosotros.

Era como una subasta que yo desconocia. Ahora comprendo que era entre Dios y Satanas. *Subio el humo del infierno, decendieron angeles, y se encontraron en los aires. Se formo una batalla por mi. Por que se origino aquella batalla, por mi alma? "Que importante era yo?" Frances Hernandez*

Yo sentia dos furezas que me rodeaban para la muerte y para la vida. Comenze a oir voces que me decian "Quitate la vida y todos tus problemás se terminaran". La otra voz me decia "Jesús, el te quiere salvar".

Muchas veces trate de quitarme la vida con pastillas. Yo llamaba la muerte pero era como que la muerte huia de mi. No comprendia por que? Tres intentos de morir fueron suficiente y no valia la pena de suicidarse. Entonces desisti de aquellos pensamientos. Pienso en Jesús cuando los Fariseos lo perseguian para matarle.

*"Dos dias despues de la pascua, y la fiesta de lo panes sin levaduras; y buscaban los principales sacerdotes y los escribas como prenderle por engaño y matarle."*
*"Y decian: No durante la fiesta para que no se haga alboroto del pueblo."*

*Marco Capitulo 14 verso 1 y 2*

Era Diciembre 1990, la navidad se acercaba. El ambiente y atmosfera estaba lleno de gozo y alegria. Caia la nieve, soplaba el viento, los niños jugaban bajo sus inocencias. Sus voces llenaban el ambiente donde llega a mi memoria cuanto habia sufrido desde mi niñez.

*"Y quien es aquel que os podra hacer daño, si vosotros seguis el bien?"*

*Pedro Capitulo 3 verso 13*

"Yo decisti de morir de quitarme la vida comenze a meditar quien me podia ayudar?"

Yo pensaba que si me convertia al Evangelio, se terminarian las drogas, baile, alcohol, y la musica. La musica era mi pasion. "Como podia dejarlo, por ese Jesús que yo no sabia quien era?"

Comenzo una lucha interna donde tenia que hacer deciciones. "Ser cristiana o continuar en la farandula?" Esta decicion iba a impactar mi vida pero el llamado de Dios era mucho más fuerte. Dios estaba ganando la batalla interna.

Como podia Dios amarme en aquella condicion tan grave en la que me encontraba? Dios me llama y me decia que me amaba. Satanas y Dios peleaban por mi, algo bueno tenia yo, entonces a quien debia yo de servir? A Dios o Satanas?

*"Todos tus mandamientos son verdad; Sin causa me persiguen; ayudame."*

*Salmo Capitulo 119 verso 86*

Comence a entender el llamado de Dios y mirando a mi alrededor pude ver como las personas que me rodeaban no era buena influencia para mi vida. Satana estaba perdiendo la batalla.

*"Se acercaron a la maldad los que me persiguen se alejaron de tu ley".*

*Salmo Captiulo 119 verso 150*

Muchos de mis amigos eran apartados del Evangelio. "Mis amistades, los compañeros del trabajo, mis amigos de la farandula, que hago?"

*"Principes me han perseguido sin causa pero mi córazon tuvo temor de tus palabras."*

*Salmo capitulo 119 verso 161*

Cuando mi hermano Angel, menciono el nombre de Jesús algo surgio en mi interior, algo bueno. Senti que alguien me amaba por primera vez en mi vida. Tenía 30 años de edad y nunca habia sentido aquella sensacion. De momento satanas toco mi mente sentia deseos de terminar con mi vida.

Un dia me levante temprano en la mañana alistar mis niños los lleve a la casa de mi hermana; los bese, los deje alli y me fui. Tome mi auto y me fui a manejar sin destino donde la soledad y el temor se apoderaron de mi una vez más. En ese mometo mi mente se lleno de pensamientos donde me embargo la tristeza. Yo pense en mis hijos, mis familiars, mi matrimonio deshecho, lo que mi madre iba a sufri, faltaba algo en mi.

Medite en quellas palabra, Jesús, quien era Jesús? Adonde estaba? Que clase de poder tenia este Dios? No encontraba repuesta. Segui manejando y llegue a la Pike Place Market

(una marqueta) en la ciudad de Seattle, Washington. Estaba llena. Observaba como las familias estaban unidas, los pescadores vendian su mercancia, los niños comian con sus familias y jugaban en el parque. Ante mis ojos era un lugar lleno de felicidad. Era una felicidad fixticia.

Yo meditaba como el hombre puede distiguir la mejor etapa de su vida? Cuando piensa que lo tiene todo? Dinero, amigos, carros, cuentas bancarias? Que es la mejor etapa del ser humano?

*"Llegue mi clamor delante de ti, oh Jehovà; Dame entendimiento conforme a tu palabra."*

*Salmo Capitulo 119 verso 169*

Cuando no queremos entender que si hay solucion entonces las fuerzas del infierno toman control. Caminando llegue a la baranda y me pare frente al puente era de algunos 30"pies de alto o más. Mire hacia abajo y solo veia carros pasando, a alta velocidad. Comenze a oir voces que me decian que me quitara la vida. Voces que me decian "Yo te amo", "Tirate no sentiras nada, todos los problemás se terminaran." Era un conjunto de voces que no podia entender cual era mi mejor decision? Cuando clame a Jesús aquel del cual Angel, mi hermano, me habia hablado, pero en ese momento no se presento una respuesta. Yo clame a Jesús, en mi corazón algo me decia que el era el personaje correcto. El era quien yo tenía de llamar.

*"A Jehovà clame estando en angutia, Y el me respondió."*

*Salmo Capitulo 120 verso 1*

Las otras voces se hacian más fuertes. Yo me sentia debil porque todavia no tenia a Jesus en mi corazón. Yo sabia que si yo llamaba a Jesus con toda mi fuerza, El vendria a socorrerme. Cuando de repente pense, "Por que sali de mi bella isla"? "Para llegar a este nivel de confusion donde ahora se originaba un mundo de pleito por mi?" Decidi no ser para nadie, levante mi pierna derecha lista para saltar el puente, cuando de repente senti una mano en mi hombro izquierdo.

*"Alzarè mis ojos a los montes;¿De donde vendrà mi socorro? Mi socorro viene de Jehovà, Que hizo los cielos y la tierra"*

*Salmo Capitulo 121 verso 1 y 2*

Cuando aquella tierna mano me toco senti que mi cuerpo se extremecio. Con toda la emocion senti que mi mente se alivio de los pensamientos que me turbaban. Cuando mire me sorprendi al ver aquella persona frente a mi por segunda vez. Era la anciana que cuido de mi cuando sali en el año 1977 de mi isla, La Bella Boriquen.

Cuando la mire ella me pregunto, "Te sientes bien?" Le conteste, "Si, si." "Yo me siento bien." Estaba turbada y asombrada al mismo tiempo. Me admire mucho de verla. En un abrir y cerrar de ojos cambiaron mis pensamientos y no queria quitarme la vida.

Fue como unos minutos tranformado en segundos. Cuando mire hacia abajo me extremeci. "Que iba hacer?" Pense en mis hijos, mi madre, y mi familia.

Cuanto hubiera sufrido mi madre al saber lo que yo hubiera hecho. Cuando reaccione y mire para hablar con la señora ya no estaba. Se habia desaparecido en medio de la gente, fue un impacto en mi al no verla. "Como podia irse tan rapido?"

*"Jehova es tu guardador. Jehova es tu sombra a tu mano derecha."*

*Salmo Capitulo 121 verso 5*

Ahora compredo que aquella anciana era el Angel de Jehovà. Jehovà guardaba todos mis pasos y la misericordia de Dios estaba sobre de mi.

*"¿Donde esta, oh muerte, tu aguijon? ¿Donde, oh sepulcro, tu Victoria."*

*1 Corintios Capitulo 15 verso 55*

Estaba feliz porque Jesus gano la batalla mucho tiempo atraz por mi alma. Ahora si, te puedo decir que en Jesús puedes, obtener y vivir los mejores tiempos sirviendo al gran guerrero nuestro patron, el que te ayudara hacer y aprender a ser catapultado en sus caminos de Gloria. No te rindas, sigue adelante, corre, avanza a subir las montañas de triunfo y aprende a llevar las marcas que Jesus llevo como evidencia por el triunfo de la **Resurrecion**.

# CAPITULO IV

## Comienza una Mejor Vida

Llegue a mi hogar de la marqueta. Tome una decicion de buscar una solucion para comenzar una nueva vida. En Diciembre 11, 1990 le entregue mi vida a Jesús. Cambio mi lamento en gozo y me lleno de su Espiritu Santo medio un poder extraordinario sobre natural para yo poder pelear las batallas de Satanas. Cuando entregue mi corazón me senti feliz llena de paz y bonanza porque Jesús me libro de la muerte. Jesus me enseñaria quien era el, atravez del camino.

*"Yo me alegre con los que me decian a la casa de Jehovà iremos."*

*Salmo Capitulo 122*

Hubo regocijo en mi familia al saber que yo recibi a Jesús como mi salvador. Hubo fiesta, como cuando el hijo prodigo regreso a casa. Una alma más para el reino de Dios, por las oraciones de una madre, por Maritza la joven de Costa Rica que estuvo orando 15 largos años por mi salvacion, por todos aquellos valientes que se pararon en la brecha por mi alma. Mi hermano Angel que tuvo valentia de ir y enfrentar el demonio que ataba a mi hija. Jesus cumplio su promesa y sano a mi hija. Me libro de la muerte y me dio un nombre nuevo. Satanas no estaba muy contento, habia perdido la batalla. Gracias a Dios, que me libro de su diabolico plan, ahora con su poder y gracia es que comienza la mejor etapa en Cristo.

*"Me has hecho más sabio que mis enemigos con tus mandamientos por que siempre estan conmigo."*

*Salmo Capitulo 119 verso 98*

Desde el dia que acepte a Jesús, Santanas comenzo con su diabolico plan. Yo tenía poder para contrarrestral sus planes. Solo tenia que aprender a usar el poder de Dios. No iba a ser tan facil. Dios que me habia llamado me daria la victoia y me enseñaria a triunfar.

En Diciembre 12, 1990 a las 11 de la mañana, ya habia terminado mis haceres del dia. Estaba sentada en la mesa meditando en Jesús. Yo acepte a Jesus pero quien era el? Acepte a alguien en mi córazon pero no lo conocia. Fundida en mis pensamientos y cuando derepente llego el mismo diablo a probarme.

*"Venga a mi tu misericordia oh jehova tu salvacion conforme a tu dicho."*
*"Y dare por respuesta a tu avengonzador que en tu palabra he confiado."*

*Salmo Capitulo 119 verso 41 y 42*

No me esperaba lo que venia. Algo me detuvo en la silla cuando vi el carro del padre de mis hijos estacionarse, estaba paralizada. Satanas uso al padre de mis hijos como un instrumento para confrontarme.

Hoy compredo que cuando el entro a mi casa y me vio fue el Espiritu Santo que lo detuvo de sus malas intenciones. De pies me dice."Tu tiene a Jesús, Tienes a Jesús"! Yo no sabia como contestarle. Solo lo miraba, no entendia porque el actuaba de ese manera. "Que era lo que el veia en mi?"

Se sento en la mesa. Su rosto cambio, su voz salia como del mismo infierno. Me decia "Tu tiene a Jesús!" "Si yo te encuentro debil te voy a destuir." Ahora me pregunto, El hombre que por 20 años fue mi compañero tenia tanto odio y me perseguia con tantas ganas? Senti un poco de miedo pero de momento senti una voz tierna y dulce que nunca la habia oido. Me decia, "No temás." Por primera vez me senti segura y llena de valor para enfrentar a las amenazas de Satanas donde yo tenia un poder al cual el no podia vencer. Atravez del padre de mis hijos, Satanas me dio la solucion para el problema.

Si Jesus no hubiera llegado a tiempo? Que hubiera sido de mi en aquella eccena? El padre de mis hijos lo proclamaba. Comprendi que el nombre de Jesús tenía poder sobre todo mal.

Tengo a Jesús y el no me puede destruir. Tome fuerzas frente aquella influencia demoniaca que se transformo. Le grite de lo más profundo de mi alma, "Tu lo haz dicho, no me puedes tocar". El padre de mis hijos salio de mi hogar furioso y nunca más volvio. La Biblia dice que Jesús es nombre sobre todo nombre.

*"Bendito sea Jehovà mi roca quien adiestra mi manos para la batalla y mis dedo para la Guerra."*
*"Misericordia mia y mi Castillo fortaleza mia y mi libertador escudo mio en quien he confiado."*

*Salmo Capitulo 144 verso 1 y 2*

*Desde ese dia en adelante entedi que el nombre de Jesús es poder.*

Comenze a pelear batallas, y romper las maldicion que me ataban. Lo mejor que hice fue conocer mis enemigos. Ayune fuerte para poder enfrentar las fortalezas del satanismo. Teniendo a Dios, solo me quedaba conocer aquel que me queria destruir. Digo conocer por la razon de que aunque yo le servia a Satanas no sabia como iba a funcional estando yo ahora en el evangelio. Satanas no le gusta perder. Yo sabia que me iba a enfrentar cara a cara de la misma manera que cuando le conoci estando en mis primeros pasos de niñez, pero de una manera diferente.

Como vencer el diablo que buscaba mi vida con tanta ancia? La palabra en mis labios me ha ayudado a detener a mis enemigos. No te puedo decir que no han llegado flaquezas pero diga el debil fuerte soy en, Cristo Jesús Señor nuestro.

Los momentos más grato son en los cuales yo he sido catapultada aunque muchas veces Satanas ha tratado de robarme la paz. Yo le recuerdo el futuro de lo que le espera en el lago de fuego y asufre. De ser el Angel de Luz vino a ser diablo. Por su traicion a Dios la maldicion callo sobre el. Hoy yo obtengo su lugar de cantar alabanzas y glorificar el nombre de Dios.

*"Y que desde la niñez has sabido las Sagradas Escrituras, las cuales te pueden hacer sabio para la salud por la fe que es en Cristo Jesus." Segunda de Timoteo Capitulo 3 Verso 15*

# FRANCES HERNANDEZ

# LA MEJOR
# ETAPA
# DE MI VIDA

LAS FUERZAS DEL ENEMIGO SE LEVANTAN CONTRA TI
PERO NO TEMAS CUANDO TU DESCUBRAS LA MEJOR ETAPA DE TU VIDA
ENTONCES OBTENDRÁS LA VICTORIA QUE DIOS TE HA PROMETIDO

# CAPITULO V

## Como Triunfar en el Evangelio

El Salmista David, hablo con Dios, le pregunto,

*"Jehovà, ¿quien habitarà en tu tabernaculo?*
*¿Quien morarà en tu monte santo? El que anda en integridad y hace justicia y*
*habla verdad en su corazón . . ."*

*Salmo Capitulo 15 verso 1y 2*

Resistir al enemigo fue bien duro en mis primeros pasos. La verdad en mis labios me ha llevado a niveles más altos. La integridad me dio fuerzas para lograr metas. Triunfar en el Evangelio es un proceso tienes que aprender cuales son las almás necesarias para poder vencer. Eso me ayudo a mí a realizar el suceso.

Dios me guiaria en mis primeros pasos, el me enseñaria como yo le podia servir.

Lo primero que Dios hizo fue limpiar mi vida. Le pedi a Jesús que quitara todo lo que podia interrumpir en nuestra relaccion.

Yo tenia curiosidad que quien era Dios y con ese sentido aprendi a conocer que Dios me iba a revelar su existencia. Queria descubrir si el era real. Comenze a orar y a buscar su presencia en la oracion donde podia hablar con Dios. Podia contarle toda mi necesidad espiritual. "Que mejor persona que poner mi confianza que en Jesús de Nazaret?"

En el Evangelio se puede lograr muchos propositos. El orgullo es lo primero que Jesús quiere que nosotros como cristianos dejemos atras.

*"Y quebrantare la soberbia de vuestro orgullo, ya hare vuestro cielo como hierro, y*
*vuestra tierra como bronce."*

*Levitico Capitulo 26 verso 19*

Para poder comprender esta nueva vida tenía que doblegar mi carne. La carne es bien peligrosa y traicionera. En los primeros pasos del cristiano el vicio del cigarillo, alcohol, y las drogas son tres herramientas que son muy dificil de quebrantar que el diablo usa para destruir al ser humano. Como podemos quebrantar esos elementos?

*"Plantando los estatutos y decretos que Dios establecio."*

Deuteronomio Capitulo 12 verso 1

En el 1989, fui a un baile con las mujeres de la pandilla, tuvimos un buen tiempo, de repente habia una chica de Panama que me grito por una mesa. Nos enfurecimos contra ella, planiamos rodearla para acuchillarla pero se nos escapo. No fue facil para mi olvidarme de aquella excena mucho menos para la pandilla. Nos pasamos la voz para buscarla y vengarnos. Gracias a Dios que cinco dias antes yo me entregue a Jesus.

Las mujeres de la pandilla no podian entender porque ya no queria continuar esa vida. No podian entender porque perdia el interes en el estilo de vida nocturna, en el trafico de drogas, y la musica? Esas eran las preguntas que en el ambiente nocturno me perseguian.

Salir de la pandilla de mujeres no fue tan facil donde pase por un momento muy duro y peligroso. Poco a poco Jesús me fue llevando de la mano con cuidado. Dios sabia lo que iba acontecer una vez más el guardo de mi.

Comenze a leer libros que me ayudaron a crecer en mi vida espiritual a tal grado que pude lograr mi primeros pasos en el evangelio. Pero un dia una de las lideres de la pandilla me llamo. Cuando conteste dije "Hola." "Oye muerte (asi me llamaba) ya encontramos a la chica esta noche la matamos." Guarde silencio, "No puedo." "Como?" Le replique "No puedo, yo acepte a Jesús."

"Que!" grito ella. "Si no vienes eres una mujer muerta." "Tu nombre se va a ser real en ti." Yo no sabía que hacer, pero algo me dio fuerzas para poder contestar. Aquellas mujeres me buscaban como una aguga en el pajar. No entendian como no me podian encontrar ni aun mi direccion. Yo sabia porque, Jesús las habia cegado y confundido el velaba por mi. Si tu quieres entender el evangelio este caminar no es facil, lo primero que tienes que hacer es aprender a confiar en su dulce voz. A mi me hablaban muchas voces pero entre todas ellas habia una que se podia distinguir. Era una voz tierna, suave, amorosa y me encaminaba hacia un camino donde me daba fortaleza para olvidar mis temores en ese mundo lleno de oscuridad.

Solo por premeditar la muerte de aquella joven, hoy yo estuviera unos 20 años encarcelada. Dios te llevara por caminos seguros, recordando como El me protegio de aquella persecucion, gracias doy a Dios que me guio por sendas seguras.

Aquellas mujeres eran seria no jugaban con sus posiciones al yo decirle "no puedo" fue como que le hirvio la sangre. Por primera vez habia una seguridad en mi vida que yo podia salir de ese tormento y vicio de muerte. Dios se interezo tanto por mi quien peleo contra Satanas por mi alma. Por esta conversacion yo medite "Guardame oh Dios, porque en ti he confiado."

*"Se levanto una persecucion contra mi pero yo confie en Jesús en su promesa, aprendi a oir la voz suave y dulce de Jesús, del espiritu santo que me decian estad quieta yo peleare por ti."*
*"El cuidara de mi siempre, porque el me ama, yo lo he creido no me dejara fatigada porque de ahi me saco el, del poso senagozo."*

Estos Salmos son reflexciones que en momentos dificiles te daran fortaleza:

*"Oh alma mia dijiste a jehova tu eres mi Señor."*

*Salmo Capitual 16 verso 2*

*"Librame de mis enemigos oh Dios ponme en salvo de los que contra mi se levantan."*

*Salmo Capitual 59 verso 1*

Que paz senti al oir la voz de Dios su voz dulce y serena. Al poder comprender que su palabra es positiva y creer que cuando Jesús habla es El. Es El significa "El Gran yo Soy", palabra de autorida y magnificiencia.

Despues de un tiempo me sostuve de la mano de Dios aunque no lo veia pero estaba segura que Jesus estaba a mi lado. Lo hize mi amigo fiel, porque aunque aun no habia dejado los vicios totalmente, Dios no era infiel. Una cosa yo sabia, era que sus promesas se cumplirian en mi, Dios lo prometio.

*La palabra de Dios, no es cualquier libro, es Real.*

Muchas personas me hablaban muy diferente del evangelio. Me predicaban que la palabra de Dios es una historia. Yo quise comenzar una nueva vida y dejar que Dios me guiara para poder triunfar y obtener grandes victorias. Yo comenze a parparla y a entenderla por la cual razon yo pude compreder que la llenura y el bautismo de el espiritu santo era necesarios para yo obtener más fuerzas contra toda acechazan y fortalezas del enemigo.

## Dios Me Llamo a ser una Intercesora

Dios pone los instrumentos correctos que te ayudaran a descubrir y conocer las trampas del Diablo. Conoci a la Pastora Vilma Rodriguez de Panama, ella llego a la Iglesia un Martes donde me congregaba. Ella me invito a un culto de oracion pero yo todavia no sabia orar bien. Aun asi ella me pidio que orara, yo les explique que era nueva en el evangelio y que nunca habia orado en alta voz. Ella me dijo "Solo ora y deja que Dios te ayude." Ella me hablo con una seguridad que me dio fuerzas para orar. Yo estaba temblando pero comenze a orar suave y temerosa. El poder de la oracion es real. De repente algo sucedio en el ambiente.

Cuando comenze a interceder algo se apodero de mi. Incontrolablemente aquel lugar se estremecio yo me estremeci y comenze a sudar. Los intersesores comenzaron a llorar y a hablar en otras lenguas que parecian otro idioma que yo no conocia.

Lo diferente en aquellas lenguas era que hacian efecto en el ambiente Espiritual. Yo continue orando y muchas de los hermanos(a) se caian bajo la administracion del espiritu santo. No podia entender que pasaba pero me gusto el efecto de la interseccion. Yo me preguntaba si era yo (o') Jesús obrando atra vez de mi? De repente oi aquella tierna voz, *"Yo soy el que soy, Jesús. Mi poder se mueve cuando pronuncias mi nombre."* Que bello es mencionar el nombre de Jesús! Jesús es el Evangelio, el es todo. Era muy impaciente, comprendi que Jesús era todo pero yo queria verlo. Me estaba cansando de orar a alguien que no veia.

## *Rechazar la Adoracion de los Muertos y Dioses Ajenos*

En mi hogar cuando yo era pequeña, no se mencionaba la palabra Dios. Mi madre adoraba a mita. Mita era una mujer muy rica y la gente llegaba a ese lugar bien adornado para adorarle como una diosa ajena. Una vez al año, por muchos años, se reunian en la montaña donde viviamos a celebrar el dia de los muertos. Era la fiesta más grande del año. Le cantaban a las bruja, se vestian con capuchones negros y para identificarse como los brujos (a) mayores, se ponian un cinto de color blanco un su cintura. El que los miraba sabía que ellos representaban el poderio de la brujeria y el ocultismo.

Recuerdo que a los 7 años estaba en una montaña donde vino un hombre muy extraño y hablaba con el pueblo donde todos se arrodillaban ante el. Ese fue el Dios que yo conoci. Para mi Dios era un hombre. Fui creciendo con la imaginacion de rendirme ante el hombre y llegando al evangelio se me hizo muy duro comprender por que tenia que llegar al altar a rendirme ante el hombre si la palabra dictaba.

*"No tendras dioses ajenos delante de mi."*
*"No te haras de imagines ni ninguna semejanza de lo que este arriba en el cielo ni debajo de la tierra ni en las aguas debajo de la tierra."*

*Exodo Capitulo 20 verso 3 y 4*

Estando en una Iglesia por 2 años mi pregunta era, "Quien es Dios?" Lo oia mencionar pero no lo habia visto. Yo tenia una desesperacion por verlo cara a cara tal y como me lo habian descrito.

Un dia vi al pastor de la Iglesia y comenze a creer que el era Dios, todo el mundo se arrodillaba en el altar yo comenze a adorarle.

# CAPITULO VI

## No Te Des Por Vencido

Cuando tu no entiendas algo en este caminar del Evangelio, yo te aconsejo que recurras a la mayordomia superior que es Jesus. Muchas veces, que equivocados estamos cuando no se hacen preguntas. Satanas gana terreno en nuestra vida espiritual pero Jesús *siempre* llega a tiempo.

Satanas sabia que yo no habia abierto mis labios para pedir consejo. Para conocer más acerca a Dios atraves de la palabra, oracion, y ayuno yo obtuve las armaduras para yo poder vencer todas las acechanzas y los principados. La palabra de Dios nos enseña que el poder esta en la lengua cuando nosotros hacemos uso de la palabra, Satanas tiene que huir. Satanas tiene que reconocer que Jesus es poder.

Pasaron los dia y nos reunimos en la Iglesia para un retiro de damás, no habian muchas, pero las que estaban estaban dispuestas a clamar a ese Dios que yo no concia. Mis primeros pasos fueron muy dificil para aprender tantas cosas. Esa mañana tuve una experiencia que cambio mi vida.

*"Jehovà, a ti he clamado; apresurate a mi; Escucha mi voz cuando te invocare. Suba mi oracion delante de ti como el incienso, El don de mis manos como la ofrenda de la tarde."*

*Salmo Capitulo 141 versos 1 y 2*

**"Yo no me queria dar por vencida, yo sabia que si Jesús peleo una batalla tan grande por mi habia algo más pero queria descubrirlo." Frances Hernandez**

De repente comenzamos a orar y a gemir todas las hermanas comenzaron a llorar. Habia algo en mi que por muchos años no ocurria era que yo no podia llorar. Mi córazon estaba tan lleno de odio, opression, temores, y preguntas que no podia llorar. No me gustaba ver a nadie llorando lo encontraba como debil, covarde, e inseguro.

Por un momento pense irme de la Iglesia no soportaba oir a nadie llorar, más bien gritar. No lo soportaba tanto que cuando decide levantarme algo sucedio. No me podia levantar. Mis manos se pegaron al altar como una barra de hielo seco. Que pasa? Me pregunte a mi misma. Desde ese dia mi vida cambio total mente.

De repente todo se lleno de un humo frio, blanco y comenze a ver una figura que se paseaba entre el humo. Yo pense que me iba a volver loca. Queria salir corriendo nunca habia visto cosa sinigual. Todo se torno frio y no podia abrir mis ojos pude ver aquella gran vision, un personaje con vestiduras blancas y rojo purpura. Sus cabellos eran rubios como el oro, no llevaba sandalias o ningun tipo de zapatos. Llevaba algo en sus manos, como una jarra de oro y desde alli donde el estaba me miro con ojos tiernos. Me dijo con voz dulce y suave, "Frances yo soy *El* que soy."

Oh, aquellas palabras hicieron un impacto en mi vida que nunca lo he olvidado.

Muchas veces Dios se revelo a mi para que yo puediera entender que no era con mis propias fuerzas. En todas las guerras espirituales Dios me daria el secreto y me haria conocer la lianza de su reino que tipifica unidad. Es una promesa para los que le temen. Hoy 20 años han pasado en el evangelio y Dios continua cumpliendo sus promesas.

*"Quien es el hombre que teme a Jehova? El le enseñara el camino que ha de escoger."*

*Salmo Capitulo 25 verso 12*

Muchos de nosotros traemos enseñanzas desde nuestra niñez que nuestros antepasados praticaban que lastimaron nuestros corazones. Las enseñanzas de niñez confunden nuestra mente y nos llena de amarguras interna que solo una experiencia con Jesús lo cambia todo. Solo tienes que pedirle que se revele a ti y Dios lo hara.

*"El que habita al abrigo del altisimo morara bajo las sombra del onmipotente."*

*Salmo Capitulo 91 verso 1*

**"Desde ese dia en adelante puse mi mente en Dios padre Jesús hijo y la fortaleza del Espiritu Santo."**

Las batallas continuaba pero ahora tengo dos a mi favor Dios y Jesús. Digo dos porque aun no habia sido bautizada con el Espiritu Santo. La tercera persona que me daria fuerzas y se llama El Consolador.

*"No es del que más corra sino del que Dios tenga miserecordia"*

*Romano Capitulo 9 verso 16*

El predicador predicaba un mensaje sobre las promesas que Dios tiene para nosotros. Son como una caja guardadas esperando por nosotros si las pedimos Dios nos las dara. Hay muchas promesas pero tenemos que reclamarlas con fe.

*"Más tu cuando ores entra en tu aposento y cerrada la puerta ora a tu Padre que esta en secreto y tu Padre que ve en lo secreto te recompensara en publico."*

*Mateo Capitulo 6 verso 6*

Llegue a mi casa esa noche y comenze a meditar en aquellas palabras donde me encerre en mi cuarto. Comenze a hablar con Dios y le pedi que me bautizara con su llenura del Espiritu Santo. Queria hablar nuevas lenguas y que me sellara con su divino poder. De repente un fuego se acerco como una llama y me arropo. Eso fue todo donde estuve bajo ese poder toda la noche. Habia sido bautizada con el Espiritu Santo.

Satanas tuvo que huir a causa de la uncion poderosa que mitiga en mí. Esa fue la gran victoria que Dios alcanzo en mi vida atraves de su grandioso poder.

El camino del Evangelio no es de emociones. Tenemos un enemigo muy sagaz que nos pensigue para la destruccion. *SATANAS!* Vino a robar, matar y destruir el alma de ser humano pero si tú pides a Dios que te enseñe las armaduras. Tu obtendras la victoria en el Evangelio y todos los dias mientras tu le sirvas a Dios, *El* lo hara.

La uncion que mitigaba en mi llevaba a la gente a proclamar que yo tenia algo diferente. Era un resplandor sobre natural que por manos humanas nadie puede obtener. Me sentia gozosa, yo sabia que era un nuevo amanecer cada dia.

Yo vine a ser una de esas lucecitas que alumbrarian el mundo hoy. La conguista al triunfo no es solamente orar, leer la biblia, hablar lenguas pero es predicar y pregonar lo que Dios ha hecho en tu vida. Pero con hechos cuando el mundo ve lo que Dios ha hecho contigo, el hombre vendra arrepentido.

*"Vosotros soy la luz del mundo"*

*Mateo Capitulo 5 verso 14*

En el caminar del mundo me llamaban "La Muerte". Ese era el personaje que Satanas habia formado muchos años atraz en mi, era un mundo de oscuridad, horror, y odio.

Cuando Dios vino a mi vida el me hizo una mujer nueva, pero yo no era conforme yo queria que todo el que me viera pudiera notar la diferiencia.

*"No se enciende una luz y se pone debajo de un almud más sobre el candelero y alumbra a todos los que estan en casa. Asi alumbre nuestra luz delante de los hombres para que vean nuestras buena obras y glorifiquen a vuestro padre que esta en los cielos."*

*Mateo Capitulo 5 versos 15 y 16*

Ese es nuestro triunfo que el mundo pueda ver el cambio en nuestra vida cristiana. Yo no queria decir que era cristiana, solo por decirlo, sino que mis hechos hablaran por mi y estaba ocurriendo.

Un dia estaba en una tienda senti que una mano me toco. Yo me extremeci cuando mire solo me puse fria y palida. Le dije "Hola Lana." Y Lana me respondio "Como estas?" Esa mujer era una de las pandilleras que me buscaban para matarme. Habia algo diferente en su rostro. Podia ver que ella habia tenido un encuentro con Dios similar al que yo habia tenido. No podia decir con segurida que era el mismo pero si podia ver y conocer aquel resplandor.

Lana me dijo "Sabes cuando supe que *La Muerte* (mi nombre de iniciacion) era evangelica, no lo podia creer!" Si, le replique con un poco de duda. "Ahora soy cristiana." Yo dije, Oh, Gloria a Dios! Ella dijo sonriente, "Yo tambien soy Cristiana." "Si tu lo lograstes yo tambien." Hoy gozo de un amor interno que nunca tuve me dijo Lana. Lana estaba llena de odio contra el mundo. Recorde que los padres de ella fueron asesinado cuando ella era una niña.

Hoy mi córazon se llena de gozo al saber que pude ser un canal para que cinco de las pandilleras vinieran al evangelio. Lana y yo nos abrazamos con un amor diferente. Era un amor fraternal como dos hermanas y en ese momento nos identificamos como hijas de Dios. Han pasado los años y hemos podido comunicarnos atravez de trabajos, confraternidades, eventos, gracias a Dios por ellas hoy todas son salvas.

Este es el triunfo del evangelio que tu puedas ganar almás para Dios, atravez de tu testimonio. Del cambio que Dios ha hecho en ti, que el mundo vea la gracia de Dios en tu vida, y que tu cambio se refleje donde quiera que tu vayas. Ser una lumbrera en medio de la oscuridad que puedas alumbrar las ciudades con el resplandor de Cristo.

Hoy mi gozo es que todas las pandillaras no estan en una carcel o muertas. Todas han formado un red para ganar almás para Cristo. Dios quiere que triunfes, que no seas avergonzado. Yo he aprendido a pelear y ganar batallas, pero con la presencia divina de Dios, en *Mi*, haz tu lo mismo tu puedes lograrlo.

# CAPITULO VII

## Consejo para lo que quieren vencer

Si tu estudias el libro de Mateo Capitulo 4 podras entender como vencer y resistir al Diablo y sus tentaciones, pleitos, venganzas y todo lo que el te ofrece. Jesus siendo hijo de Dios fue llevado al desierto para ser tentado por esa razon el nos dejo este patron de victoria.

Satanas te presentara muchas ofertas como lo hizo con Jesus en los cuarenta dias de ayuno en el desierto. Muchas veces no podras resistir pero si tu clamás aquel que te escogio podras vencer.

**B** biblia **O** oracion **A** ayuno = Tres elementos necesario en tu vida espiritual. Cuando termines de leer podras ver que todo se puede en Cristo "que es nuestra fortaleza. Estos dos ejemplos fueron los más fuertes de mi camino en el evangelio que pude vencer:

1) Yo era amadora del dinero. Nunca me falto, como les exprese en unos de mis pasajes traficaba heroina. El dinero era abundante pero cuando vine a los pies de Cristo, el queria que yo confiara en el. El supliria todas mis necesidades. La primera extrategia que el me enseño fue diesmar. En Malaquias Capitulo 3 verso 10 dice, *"traed todos los diesmos al alfoli y haya alimento en mi casa."* Si tu practicas este ejemplo se llenara el granero y las puertas de los cielos se abriran a tu favor.

2) Un dia en el trajabo (salon de belleza), estaba en mi receso. Comenze a pensar en todos los cambios de mi vida y me excudriñaba. Yo podia sentir el gran cambio dentro de mi. Tenemos que conocer a nuestro enemigo. De repente senti un cambio en el ambiente y oi una voz. Una voz que no producia paz. No era la voz del Espiritu Santo, era Satanas. El me dijo, "Quieres ser mi esposa? Te dare todo mi reino." Cuando oi aquella voz, me extremeci. Lleve mi mente al pasaje de Jesús en el desierto.

3) Trabaje en un banco donde contaba miles de dollares a diario y probe mi crecimiento en el evangelio. Pase la prueba. No podemos ser amadores del dinero, de las cosas vanas que el mundo te ofresca. Dios te ofrece cosas mejores. La palabra de Dios dice resistir al diablo y el huira de nosotros. Cuando Satanas vio que yo fui creciendo y aprendiendo extrategias para poder vencer las tentaciones que el me ofrecia se fue alejando. Todos aquellos espiritus immundo fueron saliendo.

*"Jesus le dijo: Escrito està tambien: No tentaràs al Señor tu Dios."*

*San Mateo Capitulo 4 verso 7*

Poder vencer el mostro del desanimo y que nadie robe tus sueños son como los Olimpicos que tienes que llegar a la meta sin tropezar. Si quieres estudiar de como vencer las tentaciones continúa estudiando el libro de San Mateo:

*"y le dijo: Todo esto te daré, si postrado me adorares."*

*San Mateo Capitulo 4 verso 9*

### Un consejo al lector.

Yo medite en aquella oferta compare las bendiciones de Dios. Habian puertas abiertas que aun no se habian cerrado. Satanas iba y volvia y me pedia como sacerdotiza para yo poder obtener ese reino. Por un momento medite en mis antecedentes donde habian practicado el ocultismo de igual manera. Tome fuerzas, como Jesús las tomo, y le dije *"APARTATE DE MI SATANAS!"* vete en el nombre de Jesús y el se fue.

Senti una paz profunda en mi córazon que pude sentir la presencia de Dios al instante. Nueva mente en mi vida pude experimentar la presencia de Satanas y la presencia de Dios en segundos. Escogi la presencia de Dios. Fue muy profunda, limpia, sincera, apacible, y amorosa donde no la dejo por nada.

Dios fue tratando conmigo en la fe. Cristo te ayudara a no cometer errores en tu vida como una cristiana(o). En el libro de Deuteronomio Capitulo 5 se compone de todos los mandamientos que Dios dicto para el pueblo de Israel. Ejemplos: no robaras, no mataras, no diras falsos testimonios, no cometeras adulterio, no doblaras rodillas ante dioses falsos, no juraras en vanos *etc* . . . Fue muy dificil no practicarlo pero con la ayuda de Dios pude lograrlo.

*"Oh, Jehova, Dios de mi salvacion, dia y noche clamo a ti."*

*Salmo Capitulo 88 verso 1*

Podia percivir a Dios como un amigo donde quiera que iba. Era un adelanto en mi vida donde no queria morir solo vivir. Ya no sentia soledad y en las noches no tenia temor.

La paz que sobre abundaba en mi ser me ayudaba a descansar. Dios y su ejército vigilaba mi entrada y salida.

Hoy mi raices son como el bambu. No importa cuan fuerte sea los vientos sigo creciendo a pasos acelerados. Dios nunca llega tarde, el siempre llega cuando más oscura y dificil es la situacion por la cual estamos pasando.

En 1996, yo comenze a congregarme y Dios puso en mi camino al Rev. de la Iglesia Centro Familiar Cristiano. Mis pastores ahora son un gran hombre y una gran mujer de Dios llenos de revelaciones y visiones. En una vigilia en la

montaña fue el dia que mi pastor dijo, "Frances yo me paro en la brecha por tu liberacion". Muchas veces estamos en los caminos del Evangelio pero no hemos sido libre de las maldiciones de nuestros antecedientes. Yo me alegre porque los hermanos oraron por mí. Hubo una lucha intensa donde el mismo infierno se abrio. El dragon se movio y las potestades del infierno salieron y hubo un mover satanico donde el pastor y los hermanos de la iglesia no dejaban de clamar. La fogata estaba encendida y el fuego estaba apacible cuando mi pastor comenzo a proclamar liberacion las llamás de la fogata crecieron y lenguas extranas se manifestaba en medio de la turbulencia. La batalla duro alrededor por media hora. Yo no podia pronunciar la oracion de liberacion y veia los Espiritu de mis antepasados.

Mis antepasados me gritaban, "***No Puedes Romper Este Pacto***". Ese pacto era un pacto de la brujeria, espiritismo, maldad, odio y muerte que ato mi vida por muchos años.

Dije dentro de mi, "Ya Se Acabo!" Las fuerzas demoniacas eran tan fuertes que no podia pronunciar el nombre de Jesús. Cuando Satanas sabe que pierde una batalla abre la boca de su imperio demoniaco envia a sus satelites, te intimida, atemoriza y no quiere que pronuncies el nombre de Jesús, nombre que es sobre todo nombre.

Eran mis primeros pasos en los caminos de Dios, tuve que ser fuerte. No sabía como combatir los espiritus inmundos que me visitaron aquella noche. Las llamás del fuego se hacian más intensas, la noche se torno más oscura. Los hermanos clamaban con poder sin detenerse y el pastor tomo una autoridad podersosa en la oracion de liberacion. El pastor entendia y sabia el peligro que corria mi vida y que estaba en una balanza. Para ser libre de la opression de las fuerzas que originaba Satanas y sus demonios tenía que pronunciar el nombre de Jesús.

Cuando el reino demoniaco se enfureze solo Jesus lo puede vencer. Muchas veces Satanas se resiste o se calma por el poder de Dios que fluye en nosotros. Esa uncion se llama authoridad y poder que calma las potestades satanicas.

*"Quiero decirte que el camino del Evangelio no es juego, ES REAL. Satanas es nuestro mayor enemigo.*
*Satanas vino a matar, hurtar y destruir.*
*Satanas no juega, cuando estamos indiferente a lo que Dios nos ha encomendado, Satanas gana terrenos en nuestra vida Cristiana.*
*Atesora lo que Dios te ha dado, logra que seas libre de toda maldicion." Frances Hernandez*

Yo atesore la libertad y la salvacion de mi alma. Cuando Jesuscristo subio al calvario el llevo todas mis cargas y pedi ser libre por su sacrificio en la cruz del calvario. Aunque tu no sepas a lo que te vas a enfrentar, toda las cosas son posible en Jesus. Gracias a mi pastor que uso la autoridad que fluia en el para decirle a Satanas que me dejara libre.

La palabra *libertad* tiene un significado muy grande. Tiene un valor glorioso que repercuta en nuestras vidas. Senti un alivio cuando de repente una serpiente salia de mi cuerpo y caia al fuego de la fogata. La noche en la montaña se torno con un ambiente agradable donde Dios gano otra batalla. Era viento apacible donde los hermanos cantaban y daban gloria a Dios. Senti un gran gozo al ser libre de aquello que me ahogaba y que no me dejaba respirar. Cuando tu sientas que tu vida esta rodeada de fuerzas satanicas el significado es derrota y muerte.

La Gloria de Dios se manifesto y angeles decendieron alrededor de mi. Los angeles se movian como rayos fulgente. Tenian espadas de oro y sus canticos llenaban el ambiente.

Por fin despues de una gran lucha pude mencionar el nombre marvilloso de Jesús.

*"Tu eres mi refugio; me guardaras de angustia; con canticos de liberacion me rodearas."*

*Salmo Capitul 32 verso 7*

Mi vida cambio para siempre desde ese dia en la montaña. Han llegado duras pruebas donde Jehovà me ha sustentado. Hoy me alegro de ser libre. Veo un amanecer nuevo y un cielo nuevo.

Tienes que conocer quien es tu mayor enemigo. Un soldado tiene que saber como usar las armás. El soldado tiene que aprender a conocer las armaduras que necesita para vencer las guerras (en comparacion guerras espiritual). Si el soldado no usa las armaduras el enemigo vendra y lo matara.

Satanas siempre te traera tentaciones, lo hizo con Jesús en el desierto. Tienes que vencer con la palabra en tus labios. Como las palabras firmes que Jesus le dijo a Satanas *"Apartate De Mi!"* Podras sostenerte firme en lo que has aprendido no dejando que Santanas te engañe. El Apostol Pablo aconseja, "que no te olvides de lo que haz aprendido."

*"Porque recta es la palabra de Jehova y todas sus obras son hecha con fidelidad."*

*Salmo Capitulo 33 verso 4*

Nunca he proclamado derrota en mi vida, siempre he pedido a Dios que me ayude en cada batalla. Hoy han padado 20 años de haber aceptado a Jesús en mi córazon. Fue la mejor decision que yo hice y no me arrepiento.

Dios es un amigo fiel, aunque nosotros le fallamos, el no rompe sus promesas. Durante los años mi conocimento en la palabra elevo mi fe a confiar en Jesus.

**"Gran guerrero valiente que se hizo pecado por mi, que por sus llagas soy sana, soy libre por su sangre y soy salva."**

Quien como yo, quien como aquel, que hoy es libre en "Jesús de Nazaret" nuestro consolador y Señor nuestro.

*"Engrandece mi alma al Señor; Y mi espiritu se regocija en mi Dios mi Salvador,*
*Porque ha mirado la bajeza de su sierva; porque he aqui, desde ahora me diran*
*bienaventurada todas las generaciones.*
*Porque me a hecho grandes cosas el poderoso; Y Santo es tu nombre.*
*Y su misericodia es de generacion a generacion a los que le temen."*

*Lucas Capitulo 1 verso 46 al 50*

Hoy esa promesa esta en mi, por que me llamaran bienaventurada por que hoy tengo la promesa más grande en mi vida, mi salvador y redentor "Jesus".

Atravez de los años he aprendido a ganar guerras en ayuno, oracion, y palabra. Son armás muy buenas para reforsar mi vida espiritual. He vistos muchos que aun no han podido compreder el poder que encierran esas armás y han caido. La palabra de Dios dice "que guardes su palabra en tu córazon" y con ella tu podras vencer a tus enemigos. No solo ores, ayunes, o leas la palabra sobre todo atesorala y cuando venga el enemigo contra ti, aprovecha ese momento para dictarle y recuerdale su futuro el "lago de fuego ardiente."

Hubieron muchas etapas de mi vida donde Satanas me hacia sentir perdida. Me hacia creer que iba a ir a un infierno. Un dia me canse de las acusaciones del enemigo y comenze a leer la palabra. Cuando lei el libro de Apocalipsis, en el Capitulo 20 encontre que el infierno fue hecho para Satanas y sus angeles caidos. Esto no es para mi, que gran gozo senti en mi córazon.

*"Y prendio al dragon, la serpiente antigua, que es el Diablo y Satanas, y lo ato por mil años; Y lo arrojolo, y lo encerro, y puso sus sello sobre el; Y la muerte y el hades fueron lanzados al lago de fuego."*

*Apocalipsis Capitulo 20*

Senti que Dios mismo me hablaba y me decia, "tu tienes oportunidad de salvacion." Para el Diablo y sus demonios ya su futuro esta escrito con mi dedo. "El lago de azufre y fuego donde el fuego no se apaga, y el gusano no muere." Gloria a Dios, por esa promesa. Dios me dice en la palabra "diga el debil fuerte soy."

En medio de tu debilidad clama a Dios. El te dara fuerzas nuevas como las del Bufalo, te hara subir las montañas como la sierva, el fortalecera tus alas como el aguila, y podra ver a tus enemigos bajo las plantas de tus pies.

Hoy yo miro al infierno y solo veo mis huellas marcadas, veo la sombra de lo que un dia fui. Hoy puedo decir que soy libre que tengo más fuerza que el Bufalo para continuar.

Porque en medio de la turbulencia y el desafio que Satanas me ha presentado puedo decir que es la mejor etapa de mi vida.

### La bendicion de Dios para los que vencen

*"Antes, en todas estas cosas somos más que vencedores por medio de aquel que nos amo; Por lo cual estoy seguro que ni la muerte, ni la vida, ni angeles, ni principados ni potestades, ni lo presente, ni lo por venir; ni lo alto, ni lo profundo, ni ninguna otra cosa creada nos podra separar del amor de Dios que es en Cristo Jesús Señor nuestro."*

*Romanos Capitulo 8 versos 37, 38 y 39*

Estoy segura de que un dia le vere tal como el lo prometio. La palabra de Dios dice "Si siete veces cayera el justo siete veces se levantara".

*"He sido agolpeada pero no destruida, he sido rodeada de enemigo pero no muerta y he peleado contra mis enemigos pero no vencida. Cansada y fatigada pero no me he rendido."*
*Frances Hernandez*

Jesus tiene miles de promesas para ti y para aquel que le cree. Si tu estas en el evangelio y no crees "estas perdiendo tu tiempo" por que no puedes entrar a un campo de batallas con dudas, temores, o incredulidad, por que tus enemigos comeran tus carnes. En este camino solo obtendras la victoria "CON FE".
*"Si tuvieras fe como un grano de mosteza podrias decir a este sicomoro desarraigate y plantate en el mar y os obedeceria."*

*Lucas Capitulo 17 verso 6*

Quieres fe? Buena cosa pides por que sin fe es imposible agradar a Dios. La fe te llevara a obtener lo que deseas, cosas grandes. Si grande es tu fe, grandes seran las victorias en tu vida. Cada mañana yo reclamo la victoria del calvario por Jesus que derramo su sangre en la cruz y clamo asi:

*"Oh! Dios tu que enviastes a tu hijo unico a morir por mi en el calvario que se hizo carne para vencer la muerte, que ni la muerte, ni el infierno pudo detenerlo. Que la tierra temblo al decender a las profundidades y poder llevar cautiva la cautividad. Oh Dios, tu que eres obniciente que nada puede contra ti, por que tuya es la tierra y todo lo que la rodea. Dame poder, dame paz, dame fe y aumenta mis fuerzas como las del buffalo y dame la victoria de este dia. Un dia Nuevo donde obtendre nuevas victorias en tu nombre. Nombre que es sobre todo nombre. Nombre que se le dio de lo alto. Gracias por tus promesas cumplidas y las que cumpliras hoy en mi, a Dios gracias. Amen."*

Esta oracion es mi tema cada amanecer. Cada mañana, pidele a Dios que aumente tu fe. Aunque todo se vea oscuro, la higuera no de fruto, y veas que todo se convierte en tinieblas, acuerdate que Satanas no pelea por algo que no vale la pena. Satanas lo que busca es desturir tu alma, pero Dios sello tu alma con su pacto de salvacion.

Cuando Satanas sabe que tu tienes valor, y que Dios te ha escogido como instrumento para destruir y detener todos los medios de esos planes diabolico que te pueden avengonzar y llevarte a una destruccion y muerte eterna. Lo unico que el diablo lograra es atrazar el trabajo de Dios. Pero acuerdate que el evangelio es como el bambu que sus raices son profundas porque no hay quien las elimine. El evangelio nada ni nadie lo detendra; ni la muerte, ni enfermedad, ni dolor, ni angustia, ni miseria nos podra apartar del amor de Dios.

Para vencer el temor que te detiene a lograr propositos, solo tienes que tomar valor en el evangelio. Te mostrare un ejemplo:

*Dos boxeadores entraron al arena uno grande y uno mediano y nunca son del mismo peso. El que es más alto y fornido cree que va a ganar, que le garantiza a el que el pequeño va a perder?*

Asi son estos caminos, nunca tengas temor de lo que el enemigo te presente. Jesús peleara por ti. Hay algo valioso dentro de nosotros que el quiere obtener, es tu **Alma**. Acuerdate que tu alma es valiosa. No hay precio que ningun hombre podra pagar.

# CAPITULO VIII

## Entrando a La Mejor Etapa de mi Vida

*"Digo pues a los sorteros y a las viudas que bueno les es si se quedaran como yo. Y si no tiene el don de continencia casense; que mejor es casarse que quemarse." "En pero el que se caso tiene cuidado de las cosas que son del mundo como ha de agradar a su mujer."*

*I Corintios Capitulo 7 verso 8, 9 y 33*

Comenze una nueva etapa donde le pedi a Dios un esposo, un hombre de Dios que me ayudara a pelear las batallas en oracion y ayuno. Cuando hay dos unidos hay más fuerza. En el 1992, conoci al que hoy es mi esposo y en el 1994 llegamos al altar.

Tres años despues en el evangelio me llevaron a tener más conocimiento de las guerras espiritules tocante a la brujeria. Muchas veces se nos presentan cosas

que no esperamos pero no es por concidencia sino para seguir creciendo en el Señor.

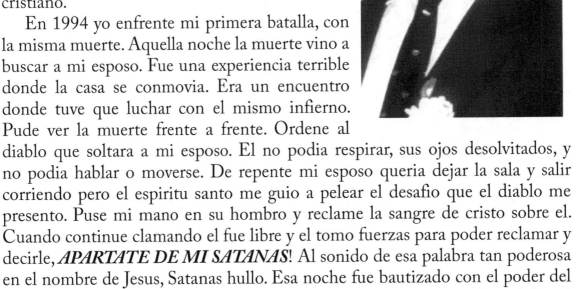

Mi esposo aun no entendia lo que era ser libre de las maldiciones generacionales. Por razón de un cancer en el pecho, el fue entregado a Satanas en un rito satanico. Segun pasaron los años el tubo muchas luchas en su crecimiento como cristiano.

En 1994 yo enfrente mi primera batalla, con la misma muerte. Aquella noche la muerte vino a buscar a mi esposo. Fue una experiencia terrible donde la casa se conmovia. Era un encuentro donde tuve que luchar con el mismo infierno. Pude ver la muerte frente a frente. Ordene al diablo que soltara a mi esposo. El no podia respirar, sus ojos desolvitados, y no podia hablar o moverse. De repente mi esposo queria dejar la sala y salir corriendo pero el espiritu santo me guio a pelear el desafio que el diablo me presento. Puse mi mano en su hombro y reclame la sangre de cristo sobre el. Cuando continue clamando el fue libre y el tomo fuerzas para poder reclamar y decirle, ***APARTATE DE MI SATANAS***! Al sonido de esa palabra tan poderosa en el nombre de Jesus, Satanas hullo. Esa noche fue bautizado con el poder del espiritu santo y unjimos nuestro hogar. De repente pudimos visualisar el Angel de Jehovà peleando las manadas de demonios con poder y fuerzas invensible.

El Angel de Jehovà era fuerte, alto, y robusto. El comenzo aletear sus inmensas alas y todo el ambiente fue estremecido. Se sentia como una manada de Bufalos corriendo por la casa. La noche fue bien prolongada y estuvimos clamando hasta rayar el alba. Por la fuerza demonica que nos ataco estuvimos tres dias sin hablar. Valio la pena enfrentar esa batalla, nos estuvimos quieto hasta que llego la paz de Dios. Hoy el puede gozar del amor de Dios porque desde ese dia el es libre. Dejame decirte que las luchas nunca se acabaran. En este camino Dios prueba nuestro crecimiento y conforme a tu busqueda el te dara las pruebas. Vendran enfermedades y desalientos, llegaran momentos en que ya no quieras continuar buscando a Dios.

*El secreto esta cuando tu ya no quieras continuar esa es la mejor etapa de tu vida.*
*"Cuando las fuerzas ya no te dan es cuando Dios más cerca esta de ti, es cuando levantas tus manos y clamás a Dios y el esta a tu lado."*

Las mejores etapas de mi vida son cuando Satanas me presenta desafios. Cuando viene con sus engaños y cuando quiere hacerme pecar. Una cosa yo se y es que yo tengo poder, autoridad, y sobre todo don decerdimiento para adelantarme a no ceder a sus propuestas en el nombre poderoso de Jesus. Dios quiere que nosotros entendamos su palabra ante los ojos de Dios nosotros como cristianos debemos estar adelantados por lo minimo diez años. Cuando nosotros nos adelantamos a los planes de Satanas podemos vivir y entender por el cual proposito Dios nos a llamado. Cuando yo me Adelanto a los planes del enemigo algo bueno estoy haciendo que mis enemigos estan enojados. Pienso y medito esta es la mejor etapa de mi vida. Dios dice "bastate en mi gracia." Muchos son los que se levantan contra mi pero Jehova levanta bandera a mi favor. Cuando Dios guarda silencio es porque esta trabajando, el esta observando nuestro camino. En que area de tu vida quieres crecer? Como puedes vencer las pruebas? Dios te guiara y te dara la prueba necesaria para que puedas subir a niveles extraordinarios.

Yo sirvo a Dios con gozo y alegria. Muchas veces tu vas a sentir en el camino del evangelio que tu puedes tener un poco de desaliento. Cada dia las luchas y desafios son más fuertes mientras mas tu creces en el evangelio y mas tu quieres buscar de Dios y obtener done Dios va a demandar mas de ti, Dios no puede depositar dones en vasijas imcompletas, tu vasija tiene que estar limpia y lijada y sobre todo convertida en cristal. Todas estas experiencias son reales para todo aquel que le sirve a Dios.

*"Muchas son las aflicciones del justo, Pero de todas ellas le librarà Jehovà. El guarda todos sus huesos; Ni uno de ellos será quebrantado."*

*Salmo Capitulo 34 verso 19 y 20*

# CONCLUCIÓN

La inspiracion que Dios me ha dado para poder ofrecer este consejo, es **REAL** son etapas que he vivido en carne propia. No creas en las mentiras de Satanas solo cree en la promesa de Dios. El te ofrece vida eterna si tú te apartas del mal.

Pude parpar la muerte y salir victoriosa, enfrentarme a Satanas, y dictarle su futuro. Poder cruzar el mar embravecido fue un triunfo en mi vida, tocar tierra santa y poder mirar atraz las tierras de faraon fue un júbilo en mi interior. Ver a todos mis enemigos muertos en la orilla pude cantar el canto de jubilo.

Sali de mis pensamientos cuando alguien toco la puerta. Cuando abri la puerta era un hombre rubio, un rostro precioso alto y sus ropas eran de purpura. Le pregunte su nombre y me respondio "Me llamo Jesus." Me pregunto "Puedo entrar a tu hogar?" Le respondi, "Si eres bienvenido." Nos tomamos de la manos y hasta el dia de hoy no nos hemos separados. Caminando con Jesus podras cruzar el desierto, los mares enbravecidos y cuando de lejos puedas ver las tormentas recuerda el pasaje de Moises.

Cuando el miro y dijo "*Ire yo ahora y vere esta gran vision* Exodo Capitulo 3 verso 3." Cuando Moises subio, el no sabia a que se iba a enfrentar. El subio porque el Angel de Jehovà se le aparecio en medio de la zarza; y el miro por el poder que alli se desataba.

La obediencia es el primer mandamiento, si tu obedeces a Dios tu podras enfrentarte a lo que tu desconoces. Cuando tu te mueves al llamado de Dios, como se movio Moises, sin conocer lo que era la zarza ardiendo, podras entrar al mundo espiritual y conocer como Dios se manifiesta y habla a la mente del hombre como lo hizo con el y podras ver cosas extraordinarias.

Tu te enfrentaras primeros al Angel de Dios, es el que te hace el llamado y el que te da la revelacion. Cuando tú miras y respondes Dios ve la obediencia y susurra tu nombre como susurro el nombre de Moises. Mira que impacto es moverte bajo el llamado de Dios. Dios te guiara y te ira enseñando como tu conocerle y obedecerle como lo hizo Moises. Con voz suave Dios le dijo a Moises, "*No te acerques, quita tu carzados de tus pies,*" y el te dira que el lugar en que tu estas tierra santa es. Cuando tu entras el lugar santo, tu te daras cuanta que Dios se revelara a ti enseñandote que El Es Dios.

*"Yo soy Jehova' tu Dios, que te saquè de tierra de Egipto, de casa de servidumbre. No tendràs dioses ajenos delante de mi.*

*No haràs para ti escultura, ni imagen alguna de cosa que esta arriba en los cielos, ni abajo en la tierra, ni en las aguas debajo de la tierra."*

*Deuteronomio Capitulo 5 verso 6, 7 y 8*

Moises tuvo el encuentro más grande con el todo poderoso. Solo el pudo contar la experiencia que el tubo en aquel monte. Hoy Dios quiere que nosotros subamos al monte de la transformacion. Cuando Moises decendio estaba totalmente transformado por la divina presencia de Dios. Fue tanto el poder que obtuvo en El Monte de la Santidad. Dios continua recordandonos estas palabras, "No mires atras." Cuando el mar se cierra a tus espaldas eso significa que Dios nos llevara a tierra donde fluje leche y miel.

"Amaras a Dios con todo tu corazón." Y amando a Dios tu podras cumplir con sus mandamientos, eso fue lo que obtuvo Moises para poder ser el hombre lleno de gloria y obtener grandes victorias que hoy conocemos.

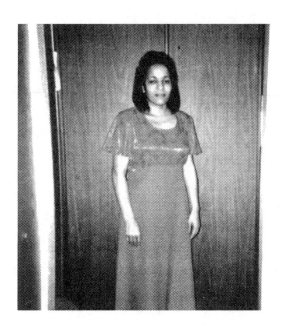 

*"Y dijisteis: He aqui Jehovà nuestro Dios nos ha mostrado su Gloria y su grandeza, y hemos oido su voz de en medio del fuego; hoy hemos visto que Jehova habla al hombre, y este aun vive."*

*Deuteronomio Capitul 5 verso 24*

Acuerdate que cuando se levante la turbulencia a tu alrededor es la mejor etapa de tu vida. Hoy gracias a sus promesas que las llevo atadas en mi córazon puedo ayudar a otros y traelos a la verdad del evangelio.

*"El Evangelio no es comida, ni bebida."*
*"El Evangelio no es contienda, ni vanidad."*
*"El Evangelio no es competencia, ni vanagloria."*
*"El Evangelio es el camino hacia un reino eterno, una vida nueva, una salvacion que solo la vas a ganar si tienes fe."*

*Dios Te Bendiga*

## Refleccion Para Obtener Fuerzas

Era un Viernes alrededor de las 10 de la mañana, caminaba por la bahía y me senté en un lugar callado donde comencé a meditar en lo que me rodeaba. De repente los marineros comenzaron a prepararse para el primer viaje mar a dentro.

El dia estaba nublado, frío, la brisa soplaba leve. Ellos miraban a lo lejos para contemplar que nos depararía el día? Tenían una esperanza de que lograrían tener una buena pesca.

Meditando en lo que veía llego a mi memoria el pasaje de Pedro cuando estuvo un dia completo tirando la red y no pesco nada. Pero de repente se le acerco Jesús de Nazaret y miro con que afán Pedro trabajaba y con voz de mando le ordeno:

*"Pedro tirad la red mar adentro."*

*Lucas Capitulo 5 verso 4*

Pedro le respondió, "Maestro todo una noche hemos estado tirando la red y no hemos pescado nada." Mientras Pedro miraba la red no entendía el mensaje de Jesús. Cuando pedro levanto su vista y vio la autoridad de Jesús capto que había seguridad en su voz y respondió, "Pero si tú lo ordenas iré mar adentro." Para sorpresa de Pedro fue la pesca más grande de la historia. Las redes se rompían y con gozo Jesús le dijo a Pedro, "Solo tienes que tener **FE.**"

Pedro sentado en la barca gozoso por lo que había acontecido no se fijo que Jesús lo observaba y cuando volvió a levantar su mirada pudo ver los ojos de Jesús lleno de amor, compasión, y llenos de autoridad.

En San Lucas Capitulo5 explica Pedro le dijo: "Maestro apártate de mí porque soy hombre pecador." Jesús sonrío y le dice, "No te preocupes Pedro porque desde hoy te hare pescador de hombre." Que tremendo encuentro tuvo

Pedro con Jesús de Nazaret a pesar de la condición de Pedro, Jesús no le importo que Pedro estuviera semi desnudo, barbudo, y oloroso a mar.

Con todo esto quiero que entiendas que cuando tú no haces un intento de levantar tu mirada al cielo, no podrás ver que Jesús tiene propósitos y planes para tu vida.

Yo también como Pedro no quería levantar la mirada al cielo y reconocer a Jesús en mi vida. Jesus me llamaba pero yo no quería oír y atender su llamado. Tres ejemplos que puedan entretener tu mirada para no atender su llamado:

1. Nos afanamos
2. No nos preocupamos de entender el plan de Dios
3. Contendemos con Dios

Jesús tenía grandes planes con Pedro. Lo que Pedro tenía que hacer era levantar su mirada y ver el rostro de Jesús. Asi tienes que hacer en esta hora. Si tienes dudas, incógnitas en tu vida, y en tu diario vivir; levanta tus ojos al cielo y veras la mirada tierna de Jesús que es grande y valiente. Su nombre es sobre todo nombre. Jesus tiene propósitos para ti como lo tuvo con Pedro. Pedro fue importante para Jesús y tu también lo eres de igual manera.

Pedro no tenia metas para su futuro, para su mentalidad humana el solo era un pescador. Jesús vio la fidelidad de su trabajo y vio el liderazgo en el. Pedro amanecía en el mar donde ordenaba y sabía manejar las situaciones difíciles en el mar. Jesús vio al más allá en la vida de pedro, vio que de el podía sacar algo bueno.

Como te sientes hoy? Sientes que no hay futuro? Sientes que la vida es dura? Sientes que no vales nada? Eso es lo que Satanas te ha hecho creer que tu no eres nadie. Pero acuérdate que tu eres la preciosa creación de Dios.

Mire a lo lejos y vi como los marineros se alejaban en su barco y oí las cadenas y el chirriar de las sogas gigantescas que sujetaban el barco. Oí el gozo de ellos llenos de esperanzas de que al regresar traerían un gran triunfo. Que bello. Pero en quien pondrían ellos su confianza? Con quien contarían los marineros para lograr esa victoria mar adentro?

Sabes no importa quien tu eres y no importa como estés. Si tu confianza esta puesta en Dios, el te sustentara con la mano de su justicia. Dios te ayudara el velara por ti. Pero que bueno seria que elevaras tus ojos al cielo y reconozcas a Jesús como tu salvador como el todo poderoso. Así como lo hizo Pedro, el tuvo que reconocer su condición. Luego hablo con Jesús y después por ultimo el acepto el llamado.

Como el marinero sale a alta mar sabiendo las dificultades que se le podrían presentar. Pero a la vez están dispuestos a tomar el reto. Asi tu tienes que actuar hoy y dar ese paso. Ejemplos de tomar el reto:

1. Toma el reto
2. Dar ese primer paso de creer en Jesús y su palabra
3. No tengas temor de tirar la red, el te hara pescador de almás
4. En medio de la tormenta no temás.

Vendrán dificultades, se levantaran tormentas, y no será todo color de rosas pero Jesús estará en la barca como lo estuvo con Pedro. Tu tiraras la red y el dará el fruto solo atrévete a responder.

Dile, "Jesús yo quiero ser pescador de hombre. Quiero que me enseñes a pescar almás necesitadas. Para eso tienes que nadar mar adentro. Tienes que zarpar sin miedo. Jesus estará a tu lado en momentos difíciles.

Por un momento Pedro tuvo miedo pero Jesús le hablo con voz de confianza. Su voz infundía paz y seguridad y el pudo levantarse. Llegaran momentos en que tu negaras la fe por que las pruebas son fuertes.

En el pasaje de Jesus cuando lo arrestaron, Pedro le negó 3 veces. Pero aun así Jesús con su amor tierno le perdono. Pedro pasó por un proceso de liderazgo y pudo sobrepasar el reto y desafío que Jesus le puso. Los desafíos son buenos para nuestro crecimiento espiritual. Durante ese proceso llegaran lagrimás donde tu tendras que renunciar a muchas cosas para responder a Jesus. Luego te daras cuantas que en momentos difíciles tu puedes negar a Jesus por error. Satanas te hara creer que Jesus te ha tracionado o abandonado. Pero es una mentira no lo creas. Si tu le crees entonces lloraras como lloro Pedro. Pedro lloro amargamente y Jesús segó sus lágrimás.

Así es Jesús. El es amor, bondad, y tierno. El quiere que tu tengas conocimiento de quien es el y lo que el puede hacer por ti. En medio de la tempestad Dios te infundirá paz, levantara tu fe, y tu podrás responder a su llamado. Ven a los pies de Jesús y el te hará pescador de hombre. Por que digo ven a los pies de Jesus? Porque muchas veces estamos en una Iglesia y decimos que servimos a Dios y no hemos tenido un encuentro con el. Nosotros queremos caminar con nuestras propias fuerzas entonces nos estancamos en el evangalio y los planes de Dios no se logran en nuestras vidas.

No dejes que la neblina y oscuridad te desanime. Al contrario cuando todo se vea oscuro y opaco es cuando más cerca Jesus esta de ti. Para ayudarte a reflexionar en sus grandezas, yo he aprendido a confiar en el. Cuando Jesus me dijo, "Salpa mar adentro," lo hice sin temor. Como Jesús vio en la vida de Pedro al más allá, así el esta viendo en tu vida y tu futuro hoy.

Por un momento vi a los marineros desaparecer en medio de la neblina y solo oí la sirena del barco que se hacia más silenciosa a lo lejos. Medite en cuanto el hombre tiene que surcar para poder logra lo que quiere. Aunque sea difícil no importa, si su pasión es esa, la cual lo llevara mar adentro, lo hará con gozo.

Se desaparecieron y quede yo sola en la bahía mirando a la nada. Volvió a mi memoria el personaje de Pedro. El era valiente, tenía valor para tomar retos y desafío. Por eso Jesús lo miro con anhelo. Por un momento me compare con Pedro. Quería ser como el. No tener temor de nada y solo oír la voz de Jesus. Seguirlo aun si tuviera que caminar sobre la mar.

Pedro vio a alguien caminando sobre el mar y no sintió temor. El espero la palabra de autoridad. Sabes por que Pedro camino sobre el mar cuando Jesús le llamo? Solo por que Jesús le dio la palabra. Pedro respondió a la palabra "Ven yo soy." Así respondí yo cuando Jesús me llamo. Tenemos que reconocer la palabra de autoridad. Pedro dijo a Jesús, "Si eres tu, ordena que yo camine sobre las aguas y vaya a ti." Jesús le respondió, "no temás soy yo."

Jesús le dio la palabra de autoridad a Pedro y camino con confianza. Así Jesús quiere que tú camines sin temor en estos caminos del evangelio. Jesus te dará la mano. Cuando Dios me llamo a servirle yo tuve temor por un periodo de tiempo. Através de mi caminar el me enseño a oír su voz de autoridad.

En este pasaje donde quiero llevarte es a que medites en la vida de Pedro. El era un hombre de altos valores. Satanás sabia que Pedro aun no había entrado al mundo espiritual. Cuando Pedro camino por encimás de las aguas iba confiado de que Jesús estaba allí para socorrerlo. Jesus quería que pedro conociera el mundo espiritual donde el le daria la victoria atravês del evangelio conociendo cosas extraordinarias.

En ese momento que Pedro caminaba sobre

las aguas Jesus permitió que sus ojos espirituales se abrieran y el pudiera ver los vientos tal y como eran. Los vientos eran turbulentos y peligroso. Que Pedro vio cuando Jesus abrió sus ojos espirituales? Pedro tuvo miedo y su fe disminuyo y comenzó a hundirse. Jesús lo socorrió pero le enfatiza "por que dudaste hombre de poca fe." Jesús sabia la etapa que Pedro estaba pasando y quería que Pedro conociera más de el pero pedro fue débil en ese momento. A Jesus le gustaba el atrevimientos de Pedro porque al Pedro moverse era que confiaba y reconocia que Jesus era hijo del Dios viviente.

*"Más a la cuarta vigilia de la noche, Jesus vino a ellos andando sobre el mar."*

*San Mateo Capitulo 14 verso 25*

Como Pedro paso por esa turbulencia. Así también yo he pasado en mí camino del evangelio. He visto el viento hacerse real en mi vida. He visto el mundo espiritual frente de mí. Con olas gigantescas a mí alrededor he visto los mares moverse. Yo he confiado en Jesús.

No dejes que el temor llegue a ti. Siempre mantén la confianza en Jesús. Si Jesus te llama a caminar sobre las aguas profundas y turbulentas el no te dejara. Jesus tendrá su mano extendida para socorrerte y te llevara através de las adversidades. Tienes que tener fe cuando veas el mundo espiritual no tengas miedo.

Quiero darte un consejo: Mantén tu mente en Jesús. Si el temor llega a ti como llego a Pedro cuando el mundo espiritual se hizo real ante el. Muchas veces las pruebas no dejaran confiar en Jesús. Más sin embargo el esta bien cerca de nosotros. Tan cerca de nosotros que lo podemos tocar. Pedro pudo tocar la mano del maestro en las aguas y no confío lo suficiente. Muchas veces tenemos a Jesús al frente y perdemos la fe.

Hubo una etapa de mi vida donde Dios quería que yo comenzara a conocer el mundo espiritual. No iba a ser fácil pero el me hablo clara mente. Me llamo hacer ayunos para rompe la maldiciones del ocultismo. Comence vigilias y intersecciones para fortalecer mi alma y provocar un vallado de angeles guerreros que se movieran a mi favor. Hubieron días donde ya quería terminar y me sentía agotada. Pero Jesus me daba fuerzas para continuar. Cuando pude comprender como se manifestaba el mundo espiritual se me hizo más fácil pelear batallas difíciles antes los ojos humanos. Pero ante los ojos de Dios no eran nada. El solo quería que yo creciera en sus caminos. No te quedes a la orilla zarpa mar adentro atrévete a confiar en **El**.

# El Ultimo Cincelazo

El diablo perdio la carrera. Me propuse una ves por todas plantar el Reino de Dios en todo el mundo. He logrado viajar y predicar el evangelio y sobre todo vencer todas las tentaciones que el Diablo ha traido.

EN POCO TIEMPO . . . comenzare a pastorear una Iglesia y sera llena del poder de Dios.

Es mi peticion delante del Señor para ganar almas para su Reino. Llevaremos el mensaje por todos los medios que haigan para reventar el infierno y salvar almas para Cristo.

Entrare a pastorear, esa sera la proxima nueva etapa. Eso se llama el último cinselazo.

*"Si perezco que perezca como dijo Ester antes de ir delante del rey."*

*Ester Capitulo 4 verso 16*

El Diablo no se esperaba que Cristo resucitara, pero se llevo una gran sorpresa. Cuando Jesus resucito le dio por la cabeza y lo avergonzo con el triunfo de la resurrecion.

Gozate conmigo en el último cincelazo a satanas. Vence como vencio Jesus no dejando la tumba llena quedo vacia, gloria a DIOS por ese triunfo! El nuevo nombre de la Iglesia debe ser el **Ultimo Cincelazo**. Esto fue lo que derrumbo al Diablo. Debemos de llevar en un estardante, banderas, y grandes letreros donde el mundo vea que Jesus no se quedo quieto aun despues de la muerte.

Hoy vemos como el evangelio ha EXPLOTADO! Debemos de gozarnos y alcanzar esa misma victoria.Comienza a pregonar el último cincelazo de Cristo a los aires donde quiera que vayas hasta que reviente el infierno y no te des por vencido. Aleluya! Gloria a Dios¡! Amen

# Referencias

| Nombre | Capitulo | Verso |
|---|---|---|
| **Deutoronomio** | 5 | 12-13 |
| | 12 | 1 |
| | 5 | 6-8 |
| | 5 | 24 |
| **Segunda de Pedro** | 2 | |
| **Exodo** | 34 | 7 |
| | 20 | 3-4 |
| | 3 | 3 |
| **San Mateo** | 2 | 13 |
| | 6 | 6 |
| | 5 | 14 |
| | 5 | 15-16 |
| | 4 | |
| | 4 | 9 |
| | 14 | 25 |
| **Apocalipsis** | 20 | 7-15 |
| **Galatas** | 1 | |
| **Daniel** | 10 | 7 |
| **Efesios** | 6 | 12 |
| **Filipenses** | 4 | 13 |
| **Isaias** | 40 | 31 |
| **Primera de Juan** | 2 | 15 |
| **Juan** | 12 | 46-50 |
| **Marcos** | 14 | 1-2 |
| **Primera de Pedro** | 3 | 13 |
| **Primera de Corintios** | 15 | 55 |
| | 7 | 8-9 y 33 |
| **Levitico** | 26 | 19 |
| **Romanos** | 9 | 16 |
| | 8 | 37-39 |
| **Lucas** | 1 | 46-50 |
| | 17 | 6 |
| | 5 | 4 |
| **Ester** | 4 | 16 |
| **Salmos** | 23 | |
| | 24 | |

|  |  |  |
|---|---|---|
|  | 25 | 4 |
|  | 17 | 8 |
|  | 13 | 1 |
|  | 18 | 1-2 |
| **Salmos** | 112 | 1 |
|  | 119 | 41-42, 86, 98, 150, 161, 169, |
|  | 120 | 1 |
|  | 121 | 1-2 |
|  | 122 |  |
|  | 144 | 1-2 |
|  | 15 | 1-2 |
|  | 16 | 2 |
|  | 59 | 1 |
|  | 141 | 1-2 |
|  | 91 | 1 |
|  | 88 | 1 |
|  | 32 | 7 |
|  | 33 | 4 |

# Recetas Del Verdadero Ayuno

Te presentas al Señor al las 6 de la mañana

Saca tiempo para ora hasta que pueda sentir que algo surge en el mundo espiritual

Lea la palabra para mantener su mente ocupada en lo espiritual

Comienza un tiempo de guerra espiritules

Haga una lista de peticiones y preséntesela a Señor

Cuando ore díctele al diablo que usted tiene autoridad y poder sobre El

Tome todas las armaduras y pelee acordadose que nuestra lucha no es contra carne ni sangre acordandose que es contra principados y huestes de las tinieblas.

Ingredientes:

3 copas de vino del cielo

4 tazas llenas de la palabra

7 horas de continua busquedad

1½ hora de lectura


Si tú mezcla estos ingredientes como debe de ser, el postre saldrá a su perfeccion y podras deleitarte.

# Recetas Del la Palabra

Si tú lees estos libros y reflexcionas su contenido te llevara a descubir quien es El Autor, El Principio y El Fin, El Alfa y Omega. Podrass deleitarte con esta receta que te dara vida.

| | |
|---|---|
| Genesis | Mateo |
| Exodo | Marco |
| Salmo | Isaisas |
| Lucas | Juan |
| Apocalipsis | |